U0069917

.

狄膺日記

1950

上冊

The Diaries of Ti Ying（Diffoutine Yin）

1950

- Section I -

狄　膺　原著

王文隆　主編

民國日記 ｜ 總序

呂芳上
民國歷史文化學社社長

　　人是歷史的主體，人性是歷史的內涵。「人事有代
謝，往來成古今」（孟浩然），瞭解活生生的「人」，
才較能掌握歷史的真相；愈是貼近「人性」的思考，才
愈能體會歷史的本質。近代歷史的特色之一是資料閎
富而駁雜，由當事人主導、製作而形成的資料，以自
傳、回憶錄、口述訪問、函札及日記最為重要，其中
日記的完成最即時，描述較能顯現內在的幽微，最受
史家重視。

　　日記本是個人記述每天所見聞、所感思、所作為
有選擇的紀錄，雖不必能反映史事整體或各個部分的所
有細節，但可以掌握史實發展的一定脈絡。尤其個人日
記一方面透露個人單獨親歷之事，補足歷史原貌的闕
漏；一方面個人隨時勢變化呈現出不同的心路歷程，對
同一史事發為不同的看法和感受，往往會豐富了歷史
內容。

　　中國從宋代以後，開始有更多的讀書人有寫日記的
習慣，到近代更是蔚然成風，於是利用日記史料作歷史

研究成了近代史學的一大特色。本來不同的史料，各有不同的性質，日記記述形式不一，有的像流水帳，有的生動引人。日記的共同主要特質是自我（self）與私密（privacy），史家是史事的「局外人」，不只注意史實的追尋，更有興趣瞭解歷史如何被體驗和講述，這時對「局內人」所思、所行的掌握和體會，日記便成了十分關鍵的材料。傾聽歷史的聲音，重要的是能聽到「原音」，而非「變音」，日記應屬原音，故價值高。1970 年代，在後現代理論影響下，檢驗史料的潛在偏見，成為時尚。論者以為即使親筆日記、函札，亦不必全屬真實。實者，日記記錄可能有偏差，一來自時代政治與社會的制約和氛圍，有清一代文網太密，使讀書人有口難言，或心中自我約束太過。顏李學派李塨死前日記每月後書寫「小心翼翼，俱以終始」八字，心所謂為危，這樣的日記記錄，難暢所欲言，可以想見。二來自人性的弱點，除了「記主」可能自我「美化拔高」之外，主觀、偏私、急功好利、現實等，有意無心的記述或失實、或迴避，例如「胡適日記」於關鍵時刻，不無避實就虛，語焉不詳之處；「閻錫山日記」滿口禮義道德，使用價值略幾近於零，難免令人失望。三來自旁人過度用心的整理、剪裁、甚至「消音」，如「陳誠日記」、「胡宗南日記」，均不免有斧鑿痕跡，不論立意多麼良善，都會是史學研究上難以彌補的損失。史料之於歷史研究，一如「盡信書不如無書」的話語，對證、勘比是個基本功。或謂使用材料多方查證，有如老吏斷獄、法官斷案，取證求其多，追根究柢求其細，庶幾還

原案貌，以證據下法理註腳，盡力讓歷史真相水落可石出。是故不同史料對同一史事，記述會有異同，同者互證，異者互勘，於是能逼近史實。而勘比、互證之中，以日記比證日記，或以他人日記，證人物所思所行，亦不失為一良法。

從日記的內容、特質看，研究日記的學者鄒振環，曾將日記概分為記事備忘、工作、學術考據、宗教人生、游歷探險、使行、志感抒情、文藝、戰難、科學、家庭婦女、學生、囚亡、外人在華日記等十四種。事實上，多半的日記是複合型的，柳貽徵說：「國史有日歷，私家有日記，一也。日歷詳一國之事，舉其大而略其細；日記則洪纖必包，無定格，而一身、一家、一地、一國之真史具焉，讀之視日歷有味，且有補於史學。」近代人物如胡適、吳宓、顧頡剛的大部頭日記，大約可被歸為「學人日記」，余英時翻讀《顧頡剛日記》後說，藉日記以窺測顧的內心世界，發現其事業心竟在求知慾上，1930 年代後，顧更接近的是流轉於學、政、商三界的「社會活動家」，在謹厚恂恂君子後邊，還擁有激盪以至浪漫的情感世界。於是活生生多面向的人，因此呈現出來，日記的作用可見。

晚清民國，相對於昔時，是日記留存、出版較多的時期，這可能與識字率提升、媒體、出版事業發達相關。過去日記的面世，撰著人多半是時代舞台上的要角，他們的言行、舉動，動見觀瞻，當然不容小覷。但，相對的芸芸眾生，識字或不識字的「小人物」們，在正史中往往是無名英雄，甚至於是「失蹤者」，他們

如何參與近代國家的構建，如何共同締造新社會，不應該被埋沒、被忽略。近代中國中西交會、內外戰事頻仍，傳統走向現代，社會矛盾叢生，如何豐富歷史內涵，需要傾聽社會各階層的「原聲」來補足，更寬闊的歷史視野，需要眾人的紀錄來拓展。開放檔案，公布公家、私人資料，這是近代史學界的迫切期待，也是「民國歷史文化學社」大力倡議出版日記叢書的緣由。

狄膺日記導言

王文隆
南開大學歷史學院副教授

一、狄膺生平

　　狄膺（1896-1964），江蘇省太倉縣璜涇鎮人，為溧陽（舊稱平陵）胥渚狄氏之衍族，原名福鼎，字君武，自號邃思齋主、平常老人，1896 年 1 月 3 日（光緒 21 年 11 月 19 日）生於璜涇鎮，為長子，上有一姐穎芬，下有福震、福晉、福豫三弟，育有原滄（字公望）、原溟（字寧馨）二子。[1] 曾祖父狄勳為生員，嗣祖父狄本仁為國學生，生祖父狄景仁業儒，太平天國之亂後改執棉布業，父親狄為璋曾舉太倉州學秀才第一，上海龍門師範學堂文科卒業，時為私塾老師，後任小學教員及校長，母親陸藏貞。先生五歲認字，1906 年（光緒 32 年）改入高等小學，1908 年（光緒 34 年）冬考入龍門師範學堂，在學五年期間，經歷了辛亥革命，該校改名為江蘇省立第二師範學校，1914 年畢業後，至崑山縣第二高小任教達一年半。[2]

1　狄膺，〈十載追思〉，狄君武先生遺稿整編小組編，《狄君武先生遺稿》（臺北：中國國民黨黨史史料編纂委員會，1965），頁 10；平陵狄氏宗譜續修家譜編修工作組，《平陵狄氏宗譜》（北京：家屬自印，2018），頁 19。

2　狄膺，〈狄膺自傳〉，狄君武先生遺稿整編小組編，《狄君武先生

1916 年，先生以國學特別優長，考入北京大學哲學系，名列第八。羅家倫回憶道：

狄君武先生與我相識遠在 1917 年北京大學西齋 4 號房間。這號房間裡共住 4 人，為傅孟真、顧頡剛、周烈亞、狄君武。我因為同孟真、頡剛都對文學革命運動有很大的興趣，故常到 4 號商討編撰和出版《新潮》問題。君武此時雖在哲學系，卻愛好「選學」，常常填詞作曲以就正於黃季剛、吳瞿安兩先生。烈亞則治佛學，後來做西湖某大叢林的住持。「道並行而不相悖」，正是當時的氣氛。[3]

1919 年，五四運動爆發，許多知識青年紛紛走上街頭抗爭，也有許多學生被捕入獄。羅家倫也回憶與狄膺參與的一段：

到了「五四」運動發生的時候，波濤洶湧，君武見外患日迫，軍閥專橫，於是一變其文人積習，而投身於此一運動。如營救五四到六三間陸續被捕之同學一幕，他和我在晚間帶了些食品和內衣等到警察廳內的看守所去「探監」。一進廳門，衛兵均以刺刀相向。我要和他一道進去，他力阻我同去。他說：「他們認得你，不認得我。」又說：「你會同他們爭執，讓我單獨去罷！」我

遺稿》，頁 2-3。

3　羅家倫，〈前言〉，狄君武先生遺稿整編小組編，《狄君武先生遺稿》，頁 1。

不肯，終於同進去。他以和善口吻，說太倉人學講的北京話，對方看他是一個十足的文弱書生，態度也就和緩下來了。這是他在「秀才遇到兵」的場合中，能應變的一幕。以後幾次類似的交涉，同學們都推他去辦。[4]

可見狄膺在學潮中之處事應對得當，分寸拿捏得宜。

1919 年夏天畢業後，狄膺回到江蘇省立第二師範母校任教，次年 1 月與任教於小學的顧瑛（字綴英）結婚。1921 年 7 月，狄膺響應吳稚暉的號召，參加勤工儉學行列，赴法就學於中法大學研究院為特別生，並於留法期間加入中國國民黨。1925 年冬因父親重病，自法歸國甫一個月，父親便過世。1926 年夏赴廣州，供職於國民黨中央政治會議祕書處，和葉楚傖共事，自此參與黨政工作。1927 年，南京國民政府建立後，歷任國民黨南京市黨部宣傳部部長、國民黨江蘇省黨部指導委員。1931 年 10 月起任立法委員，後於 1933 年與 1935 年連任。黨務工作方面，1935 年，他當選為國民黨第五屆候補中央監察委員。1938 年，任國防最高委員會第三處處長。1942 年 12 月，任國民黨中央執行委員會副祕書長。[5] 1945 年，任國民黨第六屆中央執行委員、中央監察委員會祕書長。抗戰勝利後，當選為制憲國民大會代表。1947 年，任中央政治委員會委員。1948 年，在戶籍地以三十萬票高票當選為第一屆立法

4　羅家倫，〈前言〉，頁 1。
5　狄膺，〈狄膺自傳〉，頁 3-4。

委員。1949年，國共內戰局勢丕變，自成都經海口遷
至臺灣，妻子滯留南京，原滄、原溟兩兒滯留北平，分
別就讀北大與清華，狄膺孤身一人赴臺，血親僅二房姪
長女狄原湛和其夫婿施文耀來臺。1950年，任國民黨
中央改造委員會紀律委員會副主任委員。1952年，改
任黨史史料編纂委員會副主任委員，為主委羅家倫之副
手，並為國民黨中央第七至九屆中央評議委員。黨史史
料編纂委員會副主任委員一職可謂閒缺，加以立法委員
之收入，生活大抵無虞，然因家人皆不在身邊，家無
定居，食無定所。[6]或因他在臺孤身一人，經常出外遊
覽，對於同鄉活動參與頗多，對後進照顧亦深。1955
年6月中，因糖尿病引發眼底視網膜血管破裂，左眼失
明，目力漸衰，以單一目視，書寫行斜字歪。[7]狄膺入
臺北廣州街中心診所診治，後送至聯勤醫院，醫師吳靜
稱他有六病，一齒、二腰、三糖尿、四慢性膽囊炎、五
眼翳障、六機能性腦血管痙攣，身體狀況惡劣，這使得
他在1955年4月至6月及1955年7月至9月兩冊日
記的封面，特別寫上了「病」字。[8]身體漸弱後，他鮮
少應允外界題字的請託，于右任於1958年在臺北復
辦粥會，該會以「閒話家常，笑談古今」為宗旨，洽合

6 〈狄膺先生事略〉，國史館編，《國史館現藏民國人物傳記史料
  彙編》，第11輯（臺北：國史館，1994），頁137-138。
7 狄膺，〈除夕歲前短語〉，狄君武先生遺稿整編小組編，《狄君武
  先生遺稿》，頁84；狄膺，〈學書自敘〉，狄君武先生遺稿整編
  小組編，《狄君武先生遺稿》，頁87。
8 狄膺，《邃思齋日記》，1955年6月29日，《狄膺檔案》，中國
  國民黨黨史館藏，檔號：膺1317.25。

先生寓於詩文的雅緻，故積極參與，並於次年粥會欲置辦會所時，勉力提筆，鬻字贊助，協助集資。[9]

先生晚年困於糖尿病，身體欠佳，不僅視力受損，且患有慢性腹瀉，1962 年清明節前遊歷新竹，返家發現右肢麻木，口不能言，驚覺中風，送榮民總醫院緊急救治，而後時臥病榻，至 1964 年 3 月 15 日因感染肺炎辭世，享年七十歲。[10] 狄膺過世後，因無家人在臺，全由國民黨中央協助照料後事並舉辦公祭，出席者二千餘人，同年 6 月 28 日，葬於新竹市青草湖畔靈隱寺旁自擇墓地。限於兩岸政治分隔，狄膺墓地由姪女一家維護，狄膺直系子孫直到兩岸和緩後，才獲准赴臺祭掃。

二、《狄膺日記》的來由

狄膺生前最終黨職為黨史會副主委，因他的直系親屬都滯留大陸，其後事全由黨部同仁操辦，在兩岸敵對的大環境下，狄膺身後遺留的財產與負債僅能由中央黨部代為處理。為此，黨部特別組織狄膺先生遺物委員會，由時任交通部政務次長的張壽賢為主席，除邀請黨部相關單位派員參與之外，亦邀請姪女婿施文耀為家屬代表出席。委員會決定狄膺遺產中，收支紬餘扣除應納稅款以及親友積欠後賸下近二萬二千元新臺幣移作治喪費用，豁免狄膺積欠黨部與黨史會的近五萬元，協助出售金華街房產之剩餘部分填入治喪款中，鋼筆、輓聯及

9 〈重建粥會聚會所 狄膺鬻字籌款〉，《中央日報》，1959 年 9 月 27 日，第五版。
10 杜負翁，〈悼狄膺〉，《中央日報》，1964 年 3 月 19 日，第六版。

私人用具交施文耀收存，另密函狄夫人報喪，並收得狄夫人回函。[11] 中央公教人員保險金的出險部分，匯存香港上海銀行，以狄夫人名義存入，曾成功匯撥一筆三百港幣進入大陸。或因大陸當時政治氣氛影響，後狄夫人來信關切出售房產之剩餘，並告以暫緩匯款。[12] 依照委員會決議，實體文物由黨史會史庫收存，納為館藏，包括狄膺之日記、家譜、賑本、金石、相簿、文件、圖書等。在狄膺先生遺物委員會的紀錄中，雖稱接獲狄夫人來函，但文件中未見存檔，然從狄夫人曉得狄膺之房產處置以及保險金收取等事推斷，委員會之決議狄夫人理應知情，而委員會中亦有姪女婿代表家屬發言，對於委員會的決定也應知曉。大陸歷經多次政治運動與文化大革命的動盪，狄家因狄膺為國民黨高級幹部，也多受牽連。狄夫人於 1978 年辭世。狄原滄、原溟二子，自從兩岸開放之後，才得赴臺祭掃，並多次去函國民黨表達取回狄氏家譜，以及部分私人物品、照片、金石的願望，然皆未果。

　　筆者自 2012 年 10 月接任中國國民黨文傳會黨史館主任，在史料庫房搬遷完竣之後，恢復資料開放，也將《狄膺日記》列上開放時程。狄家後人於 2015 年 5 月，

11　「狄君武先生遺物處理委員會第一次會議」（1964 年 4 月 21 日），《狄膺檔案》，中國國民黨黨史館藏，檔號：膺 685-2；「狄君武先生遺物處理委員會第五次會議」（1964 年 9 月 11 日），《狄膺檔案》，中國國民黨黨史館藏，檔號：膺 685-6。

12　「狄君武先生遺物處理委員會第四次會議」（1964 年 9 月 11 日），《狄膺檔案》，中國國民黨黨史館藏，檔號：膺 685-5；「狄君武先生遺物處理委員會第五次會議」（1964 年 11 月 14 日），《狄膺檔案》，中國國民黨黨史館藏，檔號：膺 685-6。

一方面透過狄原溟之女狄蘭來函，一方面透過姪女狄源湛之子施銘成、施銘賢親訪，再度表達希望黨部歸還家譜的願望，經轉陳文傳會主委林奕華，再續報祕書長李四川同意後，於該年 6 月 2 日將家譜、戶口名簿、病歷、部分私人照片及印鑑等奉還家屬代表狄蘭查收。黨史館復藉此機會取得家屬同意，在館內開放《狄膺日記》及其賬本。因為此番結緣，2020 年時也獲得家屬同意與授權，藉由民國文化學社協助，將《狄膺日記》鍵錄出版，俾利學界研究利用，深謝家屬慨允與學社的支持，歷經三年時間的整理，共得百萬餘字的日記，分批出版。

三、《狄膺日記》的價值

狄膺向有做紀錄的習慣，主要有兩類，一是賬本，一是日記。前者始自 1933 年，終於 1962 年 3 月的《不宜悉記，不可不記》，共十二冊。狄膺記賬始於上龍門師範學堂一年級時，當時一個月僅得十元，必須記賬撙節，而自記賬本取名有其思路，他說「不宜悉記者，記賬時偶忘之，不苦加思索，施不則償，不必誌其姓氏；不可不記者，人之厚我，我所欠人，何可一日忘之者是也。」[13] 雖說是不宜悉記，但賬本內容鉅細靡遺，舉凡各項收入、日常飯食、往來交際、生活採買、車船交通、納款繳費，只要是錢款往來，幾乎無一不錄，由

---

13 狄膺，〈（七）〉（1944 年 9 月 1 日），狄君武先生遺稿整編小組編，《狄君武先生遺稿》，頁 42。

是透過他的賬本，不僅能呈現出一部穿越抗戰、內戰及至遷臺的社會史，也能是觀察貨幣與通澎的經濟史。後者為始自 1950 年 1 月，終於 1960 年 12 月的《邃思齋日記》，共四十七冊，主要集中在遷臺之後的記述。狄膺寫日記，開始得很早，從他八歲開始便就有不全的日記，十四歲起陸續成冊，自題為《雁月樓日記》。結婚之後，仍有撰寫日記的習慣，但因將同太太爭執的細節也寫進日記，惹得太太不高興抗議，才不再寫。留法期間曾做記事，返國後因任職中央政治會議祕書，擔心一不小心洩漏機密，暫停日記，直到遷移來臺之後，才復記日記。[14] 日記的內容一如賬簿一般瑣碎，除了流水賬式的記事之外，也將友人的聯繫方式、往來信函、時事感言、故事雜記、奇聞軼事散記其中，甚至連吃飯的桌次、菜譜都不漏。一日之記事最多能達數頁，舉凡天氣、路況、心情、談話與路徑都能寫入，間或夾雜1950 年之前的追記與回憶，可說無所不包。

對於書寫來說，瑣碎是一項缺點，但對於史料價值而言，瑣碎有時反而留存了更多資訊。或因狄膺在臺灣大多時間自甘平淡，對於官場、權勢、財富都沒有強烈慾望，家人多不在身邊也少了些許煩惱，有了大把時間可以記事，將走訪各地的見聞，與朋友、同鄉、粥會的往來，化為文字，搭配上羅家倫為其編輯出版的《狄君武先生遺稿》很能作為政府遷臺初期日常生活史、社會

---

14 狄膺，〈邃思齋日記序〉，狄君武先生遺稿整編小組編，《狄君武先生遺稿》，頁88。

經濟史、飲食文化史的素材，對於了解外省族群來臺後的情況也能有所管窺。於目前史學界流行的戰後離散史之研究提供絕佳資料。只可惜狄膺來臺之前的日記與圖書，因戰亂關係，已經全數佚失，現僅存來臺之後的部分，之前的相關內容完全闕如，不無遺憾。

四、結語

狄膺自號「平常老人」，寓意為「一個普通的年邁者」，然而這個孤身來台的普通人，雖能藉著參與北大校友會、蘇松太同鄉聯誼會，以及台北粥會的機會，與友朋交遊，到各處就餐，或是前往姪女處走動，但總還是常念及滯留大陸的妻小，有時還會悲從中來。1951年1月2日元旦假期期間，自記：「今晨在動物園見母猴餧乳其獼，為之捉蚤，親愛之極，無可比方。頓念先慈恩愛，又惜二兒長違，心痛淚流，難以解釋。」[15] 這份「難以解釋」，除了對家鄉和孩子的思念之外，也是深知兩兒滯留大陸且與自己立場不同，終是難以再見的悲苦，只能暗自淚眼婆娑，不足為外人道也。相似的心緒，偶而也會在他心中浮起，他左眼失明後的第一個除夕夜裡，自記道：「余過除夕，不能不憶家鄉，又不能不憶已過之穎姊、祝妹、受祥，遠離之公望、寧馨。余孑然一身，中心起伏萬狀，遇節更悲，非他人所可體會也。」[16] 這位普通老人的心情，在大時代洪流的衝撞

---

15 狄膺，《遯思齋日記》，1951年1月2日，《狄膺檔案》，中國國民黨黨史館藏，檔號：膺1317.3。

16 狄膺，《遯思齋日記》，1956年2月11日，《狄膺檔案》，中國

下，也有他難以言喻的一面。

　　史料為公器，資料公開能使過去撥雲見日。黨史館所藏《狄膺日記》在家屬的支持下，不刪改任何一字，不遮掩任何一段，全部判讀後鍵錄出版，是一份新史料的公布，也是一份新素材的揭露，吾人能透過狄膺手書的紀錄，回過頭去看看 1950 年代臺灣社會的種種，無論是採取個人史的微觀，或是將狄膺所記作為取材的一項，都頗具價值。

國民黨黨史館藏，檔號：膺 1317.28。

民國史百寶箱：
《狄膺日記》與我

劉維開
國立政治大學歷史學系退休教授

　　民國歷史文化學社要出版前中國國民黨黨史史料編纂委員會副主任委員狄膺遺存的日記，編輯們由日記中知道狄膺生前與先父劉象山多有往來，要我對日記的出版寫一些話。

　　狄膺過世的時候，我年紀還小，不確定在他生前有沒有見過，但是在他過世後，印象中有一年，先父母帶著我和妹妹專程到新竹青草湖拜謁狄膺墓，父親在墓前說「給狄公公行禮」，帶領我們恭敬的行三鞠躬禮。狄膺過世後，他的資料保存在黨史會，我到黨史會工作後，偶有機會與管理史料的阮繼光先生談話，他不止一次的對我說：「狄膺檔案中有不少你父親的資料」，但是我當時沒有想到要看這些資料，現在感到有些後悔。當時如果調出日記查閱，對於日記中提到的一些人事，可以詢問先父母，現在則沒有辦法。

　　先父早年從事黨務工作，與狄膺應該有一些見面的場合，但是據先父自述，兩人交往是在 1945 年中國國民黨舉行第六次全國代表大會。當時狄膺是中央黨部副

祕書長，先父是黨部專門委員，調派到狄膺的辦公室工作，擔任大會祕書。兩人均喜好詩文，且有共同熟識的友人，來往逐漸密切。先父留存一本大陸時期的詩稿，其中有多首與狄膺有關的詩作，時間大概在 1945 年左右。此後兩人時有詩作酬和，狄膺有時不欲將父親詩作再錄於日記上，要他直接書寫於日記上，我在日記中見到兩處父親的筆跡。

先父於 1949 年離開北平後，一路輾轉到臺灣，再到香港，爾後接受狄膺建議，至海南島任職，之後再到臺灣。這段經過，《狄膺日記》中記事和先父的回憶大致相同，看到 4 月 4 日記有「下午覆劉象山、陳幹興、孔鑄禹書」，孔鑄禹、陳幹興（本）是先父在海南任職時結識的好友。孔鑄禹伯伯幾乎每年會來臺灣參加十月慶典活動，他的兩個孩子在臺灣接受大學教育，常到家裡，和我們的關係如同家人；陳幹興則是每隔一段時間會和父親通信，我印象最深的是他寄來的一件孫中山手書「燕歌行」影本，父親特地將它裝框掛在牆上。孔、陳兩位應該是狄膺居留廣州期間，往來香港、海南時所結識，他曾經介紹孔鑄禹為海口中央日報黨股代表人，與陳幹興（本）則是時有詩作往來。

狄膺在中國國民黨六全大會後改任中央監察委員會祕書長，行憲後當選第一屆立法委員，這兩個職務使他在 1949 年大多數的時間跟著中央黨部與立法院移動。2 月初，中央黨部與行政院相繼遷廣州辦公，大部分的立法委員也都到了廣州。狄膺於 1 月底從南京到上海，2 月 5 日搭乘海平輪，於 9 日抵達廣州；10 月 12 日，

由廣州搭機隨中央黨部及政府遷重慶辦公；11 月 29 日
因重慶情勢危急，飛抵成都；12 月 5 日，成都危急，
搭機至海口，30 日自海口飛新竹，31 日抵臺北，暫住
其姪女原湛與姪女婿施文耀寓所，後得臺灣鐵路管理局
（簡稱「鐵路局」）局長莫衡（葵卿）同意，居住在
臺北市西寧北路 6 號鐵路招待所相當一段時間。對於這
段經歷，他在《不宜悉記不可不記》賬冊中，有詳細的
記錄。

　　狄膺來臺初期，需要處理中央監察委員會事務，同
時出席立法院相關會議，事務較為繁忙；中國國民黨改
造後，中央監察委員會結束，改任紀律委員會副主任委
員，除了參加黨內總理紀念週等活動外，主要是出席
立法院相關會議。閒瑕時間則是探親訪友、定期參加崑
曲聚會，以及和友人打麻將。他常在早年曾服務於交通
界的錢探斗，以及當時任鐵路局材料處處長王世勛（為
俊）兩人的家中打麻將，輸贏都記在《不宜悉記不可不
記》賬冊中。

　　王、錢兩位都是我的長輩，王世勛與日記中所記郁
佩芳是夫妻，亦是先母的寄爹、寄媽，我稱他們為外
公、外婆；錢探斗是先母乾媽錢馨斯的兄弟，張藕兮是
他的妻子，我稱他們為錢公公、錢婆婆。王、錢兩家住
的很近，王世勛家在長安東路二段、中山女高對面；錢
探斗家在建國北路一段三十三巷；長安東路和建國北路
成垂直狀，印象中兩家的房子就是背靠背。王世勛的籍
貫是福建林森，但是出生在蘇州，實際上是蘇州人；錢
探斗是太倉人，和狄膺是同鄉。在日記中還有一位在王

世勛家打牌的友人陳敏，我稱她為陳婆婆，在行政院新
聞局工作，和先母的關係很好，隔一段時間會到家裡找
先母聊天。在 1954 年 2 月的日記中，有一段記道：
「張毓貞、丁淑貞、侯佩尹、顏叔養均來，同張、侯到
梅龍鎮吃包子。」當日的賬本上有：「付張毓貞同食點
二十元。」張毓貞即是先母，我之前以為先母認識狄
膺，是因為先父的關係，但是這個時候先父母還沒有結
婚，看到日記這些記事，或許與王、錢兩家有關。

　　狄膺的交遊廣闊，友人甚多，加上博聞強記，日記
中除了每天的活動記事外，還包括許多所聽聞的歷史掌
故、人物軼事，如鈕永建自述參加革命經過、吳鐵城自
述訪日與麥克阿瑟談話要點、張知本談政學會與政學
系、周佩箴談浙江革命黨事等等，每一段都是民國史上
重要的資料。張靜江病逝後，狄膺將所聽聞張氏生平軼
事、易簀前情形以及張氏譜系等通通記在日記上，可以
說是張靜江重要傳記資料。對於自己所經歷事，如中國
國民黨中央改造委員會成立後，中央監察委員會辦理結
束，他身為祕書長負責移交，在日記中將移交的過程，
特別是款項的交接，記錄得十分詳細。又如他早年曾響
應吳稚暉勤工儉學號召，赴法國留學，因此尊敬吳稚暉
為師，不時前往探望，日記中記錄了吳氏的晚年身影，
其中也包括蔣中正與蔣經國對吳稚暉的照顧。除此之
外，狄膺定期參加徐炎之、張善薌夫妻召集的崑曲聚
會，日記中有不少聚會時的記事，包括參加者以及表演
的內容等，可以說是崑曲在臺灣發展的重要資料。

　　狄膺逝世後，黨史會將他的詩文彙集成《狄君武先

生遺稿》，並將其《不宜悉記不可不記》賬冊中歲首年尾之感懷記事，摘錄收錄其中，內容亦頗為可觀，且因其始於 1938 年，可以與日記相互參看，補充其家世及早年記事之不足。整體而言，《狄膺日記》內容相當豐富，有時會覺得瑣碎，但是仔細閱讀，可以發現其中有不少值得參考的資料，視之為民國史資料的百寶箱，當亦不為過。

編輯説明

一、本書收錄狄膺 1950 年之日記，共分上下兩冊，上
　　冊錄該年 1 月 1 日至 6 月 30 日止，下冊錄 7 月 1 日
　　至 12 月 31 日止。

二、古字、罕用字、簡字、通同字，在不影響文意下，
　　改以現行字標示。

三、日記中原留空白處，以□表示，難以辨識字體或
　　破損處，以■表示，編註以【 】標示。

四、作者於書寫時，人名、地名等時用同音異字、近
　　音字，落筆敘事，更可能有魯魚亥豕之失，為存其
　　真，恕不一一標註、修改。

目錄

下冊

1950 年

1950 年

1 月 1 日至 3 日
【無記載】

1 月 4 日　晴

　　晨乘九路車，在中山堂下，赴市立女子中學訪校長江學珠、祕書薛佩琦，均極歡。余問校中可暫借住否，答云校本部無空屋，其他屋被佔，須看機會。出，到凱歌歸中監會勾當公務。顧儉德同袁世汾來，世汾為袁觀瀾先生之子，在台灣煤礦公司服務，不相見三十餘年矣。到糖業公司訪雷寶華（孝實），年已五十七，當年北洋大學學生，與徐叔謨、楊■…■偉均是北洋高材生。余往游，值西沽被水，留一星期始得出，乃民國五年事也。雷於從政時亦吟詩，積存二百餘首，相見後非常快樂。午回錦帆處飯，飯後臥，臥起同耀乘三輪車到南海路台灣市參議會，江蘇省參議會招待江蘇同鄉，牛踐初主席。余聽鈕惕生先生演說，此次流亡是一種訓練，訓練江蘇人強武團結，以擔當抗蘇大業。會場遇張九如、王德箴、凌紹祖、韓同、錢永和、趙寶善、張世希、陳尚渠等。出游植物園，見■…■榔、酒瓶檳榔。出園，在七號與鈕長耀譚，晤見陳伯稼、張忠道、田炯錦、張默君、皮作瓊等，正在開考選委員會。出，訪洪陸東於鄰近，夫婦方出，未遇。歸甥寓，知章鶴年來訪。

夜飯後同錦、耀走涼州街、延平北路，上台北大橋跨淡水河。橋長一千三百步，兩塊各三百步，橋心七百步。過橋為三重埔，是新工業區，橋上可望草山、北投。余等於此遇轎車疾馳，五輛相聯續，疑是總裁到台北也。過橋後，購香蕉食之。歸時自塊側下梯，則為通迪化街之路，有小茶館名雪光，飲鐵觀音。遇南翔人在興中被服廠之張阿連、高炎祥，云有江蘇成衣可為膚製衣，又云五芳齋主范姓，馬陸人，係范良伯之姪。

鄭彥棻來譚，云改革黨務，正謀如何放手做去之法。

1月5日　晴，間有微雨

晨赴常會，討論五中全會應開與否，及黨部待遇增加與台灣機關相髣髴兩事，外交■…■外人總希望我是健康人，救了有用，我們有無桶劑特效藥以起死回生，外國可無「死馬當活馬醫」之諺，還望注意。余與鄰座寫油詩諧聯為遣悶之計：

道藩出語，鄧飛黃少谷正綱。
蔣經國對，于右任卓宣鐵吾。
黃少谷對，聖保羅斯福開森。

十一時半出黨部，門有一輛■…■余往公園內廣播電台訪錢羽霄，云將赴大安辦公。余到中山堂三樓師範學校畫展，並與立法院中人握手。歸耀錦寓飯，飯後午睡，二時睡起待客，無人至者。夜晚飲酒三盃，飯畢，走延平北路參觀圓寰，皆吃食店。余在攤上購襪九雙而

回。得劉象山再別君武先生：

沉沉哀樂感中年，況是兵戈喪亂天，
舉國共憐遷海外，傷離且復語風前；
雲垂四野乾坤暗，楫擊中流志力堅，
我自高歌送君去，從今詩酒憶留連。

　　得瑞京 Stockholm 秦滌清來信，伊自中俄絕交後，自莫斯科撤至瑞典。在莫五年半，除搜集蘇聯政治、經濟、法律等書外，又學習英文四年，現擬撰蘇聯真相、蘇聯游記二書。

1 月 6 日　晴

　　晨步至延平南路中央信託局，託秀武換美金零款，在彼訂日記簿，又問徐延樂女士，以中監會■…■同李向采到開封路某文具店觀二端硯，均非上品，而價甚昂。既而入黨部抄寫張壽賢小本上之朋友住址，孫鏡亞、李德元、馬星野來譚。十二時半應鄭彥棻招中飯，至下午四時方歸。飯前後譚：（一）五中全會改革黨務如何擬題，分列譚話會日程，每事先假表決，然後全會時再討論；（二）如欲痛改前非，須先論定何者是非，如何改法；（三）中央黨部職員待遇宜向行政院看齊，■■應畫一，考績應舉辦，編制應另擬。任卓宣提，今日■…■人員太少；（二）業務變遷而人員依舊；（三）資歷深者在職可珍，而與業務需要不合；（四）紀念周如何舉行；（五）華聯輪到，各同志如何補助。散會後

到中山堂三樓，託人寄秦澂清致王寒生函。車自涼州路，錦姪女為余明日生辰準備小菜。

六時張壽賢來，候余往洪蘭友家闔吃。蘭友長女嬋嫁陸家驊，家驊今日三十生日，備酒三桌。余遇郎醒石夫人、女瑛、女婿趙耀東、朱品三夫婦，張壽賢夫人，王茂如女文漪、女婿張振武、吳觀海夫婦、張百成及國民大會非常祕書處各同事。余飲黃酒十盃，代壽賢夫人打麻將四付而回。歸途見沈壯聲夫人及沈善琪。

1月7日

陰曆十一月十九日，余五十六歲初度。昨夜飲酒過多，三時後不能成寐，吟成律詩一首。

五十六歲初度

周甲自今差四載，心悲父祖缺三年（先祖、先父皆五十七歲棄養），

空餘皮骨仍中處，不懼風波向島邊；

柔立人云吳士怯，義疆我得子民傳，

縮枝莫笑台灣樹，淫雨長颱制自天。

晨興，天氣晴朗。食麵後同錦驪坐三輪車到大龍峒，參觀日本人建築七年之孔子廟。神龕皆用玻璃遮隔，神位金字輝煌，不受纖塵，階除清潔，司事者每日灑掃上香，油然生尊敬之心，與太倉之兩廡塵封、神位■■大不相同。晤成惕軒，讀其近作，頗多佳句。出，自酒泉街越鐵路，左轉見一臨濟宗之寺，寺後圓山為動

物園。入內見老象、雙孔雀、群雞及猿猴甚多，陽光照耀，非常快適。自中山路乘車，走民生路返寓。

中午請鈕長耀、朱育參、陸京士來飯，長耀譚淪陷區共黨利用兒童隊到各家訪問，隊中自為監督，不許徇情，以吃機會飯為鼓勵之法。崑山即有鄉下某宅喜事，豫誠應行節約，到期訪問，憑喜簿查詢賓客，賓客潛散。又查得廚房備酒蹢所報之數，立召訪問青年來吃機會飯，數桌酒菜頓時消納。又無錫某老太被某軍搶去米二石，頓時究辦，槍斃搶米之兵，停柩老太之屋，逐日召地方人士、別部軍隊實證訓誡，老太受累無窮，別處受搶再不敢告訴矣。京士講世界自由勞工同盟及杜月笙來信。送客，余往中山路，與長耀行■舊貨店，無好文具。回寓略睡，睡起姚容軒來譚。姚去，同耀甥出購皮蛋、肉鬆、香蕉等物。

夜飯時，壽賢送來一品鍋二，並同王子弦、楊佛士、胡希汾、沈壯聲夫人及其女沈善琪。子弦攜其孫女，同飲白蘭地，鄭彥棻送來蛋糕，並來賀諸人談話暢適，八時始散。希汾並送來明晨赴台中車票。子弦等既歸，蘭友遣其婿陸家驊來送白蘭地酒。

1 月 8 日　晴

晨七時起，食粥後即乘三輪赴台北車站，為時尚早，乃在車站附近閒逛，尋朱育參貨運服務所不得，在旅行社購台中地圖及旅行雜誌。八時胡希汾來，同入餐廳飲牛乳，先付款得票，給票交女侍，女侍奉所定者來，火車來便起身，無會賬取找之煩，良制也。八時半

對號車開，行過苗栗後山洞漸多，右望海、左看山，景致甚好。在車略食飯，一時許抵台中。戴恩沚候於車站，同往自由路，宿民眾旅館，日本式旅舍，入門有樹石。進屋脫鞋換輭，有小童拾鞋置於所住房號之架上。登樓，前後皆為長廊，余與希汾住恩沚昨所住之三十二號，一木几外無他物，女侍以壺盃承盤進，不再跪奉。余等略坐，即到復興里十六號訪孔達生，尋久之方得，伊約夜飯。恩沚歸寓，到白蘭再午飯，余等往中山公園，有池可划船，有二茶亭臨水邊，余遍認坐客，無熟人。台中住立法委員不少，如此晴天暇日均不來唯一可游之處啜茗消閒，想見同人興會低也。出，走雙十路陳寓，在外靜待，又忽見果夫夫人，老瘦異常。入房晤伊，果夫正起床，面色不壞，喉頭結核已愈百分之八十五，云此次吐血療喉正象世界大戰一場血戰，病人自拿主意，賴世界醫藥昌明，卒幸有痊望。用藥係streptomycin、P.A.S. 及虹波第一號，三種俱投，未能認定功效屬於何種。至伊夫人之病，則為肺病兼胃病。次又譚黨營事業及黨務改革一回。余出，與果夫嫂、立夫嫂及立夫幼子玩笑一陣，■■民眾旅館。同恩沚、胡希汾應孔達生邀晚膳■…■幾盡，飲台灣大學所釀之白蘭地，上口澀，收口香，無甚好處。飯畢小坐即返寓，口授恩沚以致璜涇信要點，恩沚乘夜車返高雄。余臥榻榻迷，蓋厚被，支小枕，睡得不甚舒適，但意在嘗嘗日本旅館味道，亦有趣。睡前下女來關照洗浴，推浴堂門，見多人蹲地擦身，不敢嘗試，胡君亦未嘗試。

1月9日　晴

晨八時，下女來呼先生請起，既起身，即抱被枕而去。蓋日本人於口體之奉皆有限制，不使入於泰安之境，此其鍛鍊之道歟。下樓洗面，下女問食稀飯否。余等出，到旅行社購午車車票，入沁園春食蟹殼黃、湯糰及湯包，湯包無湯，蟹殼黃極香脆。路上購香蕉，胡希汾贈余台灣草所編之籃。余往建國路訪李永新，不在家。回寓，孔達生來，同往西區謁丁鼎丞，先生年七十六，夫人年七十三，夫婦齊眉，可謂難得。王仲裕、于心澄兩君皆在，略談即歸。在舊貨鋪購彥士監製五百斤油墨一盒■…■磁盃五隻未能購得。到白蘭飯，仍如昨日以麵拖蝦■清蒸雞為佳。飯畢，距開車僅十分鐘，李永新來送行。上車後即睡，睡醒山洞已過大半，坐頭等車，望山海景，閱旅行雜誌，皮椅時有震盪，不甚適意。五時半抵台北，返耀錦寓，錦出外購炭，門扃。余到淡水河邊觀日落，觀至紅日盡沒山裡始回。夜飯後體倦即眠，一夜共三慁。

1月10日　晴

晨到中山堂三樓立法院取錢，得■幣三百元。入黨部，在蘭友室寫致劉象山書，又布置樓下，余■…■覺非、盛詠南書。鄭味經、張福濱、許以仁來談。午，朱品三邀往伊家飯，家無傭人而秩序井然，子女皆操作，可佩也。下午三時中央委員譚話會，余不認識者有二十餘人。散會，余到西甯北路六號晤管理員任君。莫局長衡（字葵卿）七日函余（伊七日下午曾來尋余），已為

在此處闢一室，室在樓上，有園林景色，明日擬遷往。
歸耀寓，成惕軒在，酒飯，飯後讀詩，伊讀牆東老人
詩，極樂。

　　朱品三愛好攝影，飯前為余在其寓所前攝一影，晨
交余海口在長官公署招待所門口為余及黃仲翔女紹芯及
張百成與伊合攝二影，又為余攝一以檳榔葉為背境之半
身相。其用具，照相機之外又有對光機 Exposure Meter,
The Norwood Director, American Bolex Company Inc.,
New York，室內室外皆合用，惟在陽光中不能過久過
劇，久劇則壞，又不能著潮，著潮則針停。用以對光絕
無不準，品三旅行輒自懷■…■二百元，不知公望有此
利器否。

　　品三又云在南京時曾組織旅行團，以八人為最高
額，八人以上吃飯即有不便。八人互為隊長，隊長對於
游覽程序有絕對權力，團員必須聽從，否則七張八嘴，
必將無所適從。

1月11日　晴

　　蔡子民先師八十三歲誕辰紀念，中央研究院暨北大
同學會聯合在台灣大學法科禮堂開會，余■…■甥前
往，於凱歌歸遇黃離明，徐州路遇傅孟真，停■…■余
又蒸、廖世勤、余汝良、伍家宥、朱騮先諸人，騮先先
生主席，孟真講蔡先生思想與周秦諸子，及西洋哲學家
何人接受、何人不接受甚詳。正演講中，胡博淵引蔡威
廉女林小廉上臺行禮，行禮後即到學校上課。孟真詞
畢，董作賓作學術講演，甲骨文研究之新途徑，講至

十二時過後始畢，頗生動有趣。散會後吃蛋糕及十樣菜飯，計四桌。余歸中央黨部辦公室，唐國楨來譚，伊在香港為汽車撞傷始愈，始到黨部尋人。出，到中山堂三樓立法院領一月分歲公費。車歸錦帆寓，略睡。睡起，余捧硯，錦提兩小袋，耀抱被包，同步行至西寧北路六號。任君德曾引上樓上一號，前窗北向有綠樹，錦認為滿意，後窗有一煙突，有灰可吹至床上，錦為移閉。耀、錦先歸，余到西寧南路五十巷一號晤黃保昌，伊婦月經前後有寒熱，臥床未起。余同筱堂走中華路，觀■…■攤，並無佳者。歸耀寓，朱育參來飲酒，伊已得新加坡■校聘書及入境證，英人承認中共，我外交部不發護照，英人亦不簽證，尚難成行。既而錢錫元來，已辭空軍機械，而在高雄設國光汽車修理廠。飯後戴郛與徐向行來，本約余今晚聽永樂評劇，未能接洽妥當，已另約人，余謝之。知居夫人已送黃酒來，約星期五同飲。余同錫元出理髮，又擬入安樂園浴，■樓■人，不敢請教，乃返台北鐵路局招待所，錫元偕友■全■■坐即去，余洗浴。住招待所之鐵路管理局員嘉興李芳華來譚，與余作鄰者為金山秦啟文、杭縣邵介塏，住樓下者為北平王濂卿、隴海局長王企光、湖北陳局長紹平及上海陸副處長世榮，工役葉落、朱元峯、李秀妹，廚師廣東余華。

招待所在戰時為臺灣總督府鐵道部長所住，屋之外有園林布置，沿廊雙重帘，室內地毯絲絨、沙發絨，賓主異色。接收後幾經轉手，華貴傢具不知所往，屋亦為職員家眷居住，亦見糟塌。此樓上下一度為陳伯莊家眷

所住，二月前請出職員眷屬，專供高級指定人員住宿，
糊窗抹板，稍覺光潔。屋頂石板因中國無同樣材料，無
法添補，花紙扇格亦無力重裱。余房為秦啟文君所騰
讓，極為可感。秦君松隱鎮人，云陶遺先生長子陳定已
云歿，定聰明有才而不免自戕喪，惜哉。

1月12日　晴

　　晨赴凱歌歸，以三輪車■在■…■近在辦公室，羅
委員正亮來譚。九時五中全會■…■去年軍、政、財、
外交無一不失敗，五中全會叫何人報告？報告後如何
科責？科責有無困難？今晨討論及之，余發言三次：
（一）求報告正確，如中央日報三十八年大事記不見陷
一城、失一地，似若無這回事者，可謂毫無誠意，此應
改正；（二）報告還以負責人為之，常會對於政治、軍
事、財政、外交應有按語，蓋任職者與任之者■…■
任，常會雖許多事不能負責，然非常會負，則誰負■…
■；（三）■…■論案應求有確切行動，余謂如行政院
長閻百川，真是應當換一人，方能日起有功。十一時半
余回。余與張默君為鄰座，寫詩為樂，伊示余游日月潭
詩，余曾有諧作云：

全會三年不敢開，置身無地到台來，
區區真是無波（屁聲）放，熱鬧場中坐一回。

　　蘭友有和作。歸甥寓食餛飩，余出外購菠菜和之，
廣東人、四川人皆有此吃法。飯前後右膈微痛，錦姪為

搥之，稍減。走延平南路口榮記古玩部，瀏覽無合意者。到中央信託局晤李向采、孫秀武，約伊夫婦得暇臨新寓來坐。四時覺頭量，出到黃筱堂家，關照伊今夜不必來。到峨嵋路陸京士處，遇凌英貞，同伊到洪長興對面真北平食燒餅夾醬肉及大蔥炒肉片，有趙守鈺題字。將出，遇趙守鈺於街上，英貞並攜回燒餅一打給張曉岩等食之。六時往信義街七十九號十七號■⋯■應品三、張百成招飲白蘭地，品三夫人治菜過多，殊■勞碌。夜■後同京士往羅斯福路二段戴丹山宅前認門牌，余入內小坐，聽向行講安徽小楊被共黨查出金條，天天有人往觀，楊為之疲。回黨部，知華聯輪安抵基隆，中央同人陳以令等三、四人消瘦，餘均健適。余箱五件均已到達，未十分潮濕，惟黃仲翔鋪蓋捲未見。信差□□為■■三輪車裝四箱，伊騎單車■⋯■押至迪化街，余攜印箱到西寧北路六號。

　　日間錢錫元到黨部及招待所尋余午飯，下午遇於峨嵋路，並遇胡雲麟。雲麟在此間遭火燒，並遭未婚妻之喪。夜，錫元又來譚，邀明晨早點或午膳，余謝之。

1 月 13 日　晴

　　昨夜四時起溲，聞微雨，天明則晴。八時朱鍾祺來訪，交余王豐穀致余書兩通，其一寫在迴千致豐穀書上。到黨部閱馮葆共黨營七機關調查表，並附改進意見八項。林成根、李自強、白中孚三同志來晤，祝兼生今日休息，袁永錫來訪。十時半，余到台灣土地銀行信託部三樓晤趙葆全、黃君特、查石村、何仲蕭等。何芝園

來農行，同到館前街，購得江南織造常山恭呈御墨一
盒，計二十錠，自栽種到染織棉製經過，想見當年奴才
對人主之恭敬，且對於農工知識管輸之認真。十二時半
到錦帆處飯，先食煎餛飩，余所心愛。飯時又有菠菜、
腐干及蘿蔔絲、豆腐等。飯後■…■朱品三家■夾衣攜
帶太少。到招待所整理印箱，已■…■六罐，唯印章應
用者未攜帶，且無合用之印泥，至苦。四時朱佩蘭來送
鋪蓋及面盆、網絡，有一熱水瓶，瓶塞、瓶蓋均無，不
成樣子。五時至徐向行家為洪叔言暖壽（叔言生日後余
七日），到者洪叔言夫婦、顧儉德夫婦、陸京士、朱育
參、朱慕貞、徐宗采、向行，飲居浩然所贈舟山仿紹，
上口微苦，諸人贊美。向行與鍾采所治菜亦竭心力，以
鯽魚蒸蛋及臘肉■…■餐畢，京士送余歸招待所，余洗
浴，與陸世榮、秦亦文譚。

　　汪公紀、馮宗蕚昨來訪，呂偉彥、顏肇省來訪，均
未晤。

　　何芝園語余，雲光家已遭清算，一弟被共匪槍殺，
雲光仍在江山。

　　半夜起檢印匣，肄業龍門師範時，周孝侯先生承忠
為刻之「雁月樓主人」一石章震斷。

1 月 14 日　晨霧，下午風，鎮日晴

晨隨秦亦文到延北台灣鐵路局晤呂偉彥（字望屺）、顏肇省（字叔養）、沈成春、吳愷玄及莫葵卿。十時到黨部閱林鼎銘所擬警告馬星野案，王德溥及吳保容夫婦來譚。十一時同張壽賢到仁愛路廣播大廈，得見吳道一夫婦、曾虛白、陸以灝等。中執會修房之一半為辦公用，見日本人所造巨大之播音室尚未完工。歸錦侄處飯，米吃光，無法購得。膳畢，到麗都闖閔石麟請馮宗蕘、張壽賢之日本餐■…■蛋內容複雜，紅燒鰻頗為肥美，烤雞亦嫩，蛤蠣湯微腥，火鍋火大，煮久極鮮。石麟夫人年四十六，為申眈觀女，其弟已卒，其女已嫁，得一男外孫，又言朴精一（純）去年二月十二日因肺病卒於韓國。眈觀為南社社員，民三與余相識，余屢隨其參加朝鮮亡國紀念會，某年在一輪船甲板上舉行，最為悲壯。民五同余乘安平輪北上，泊煙台時同余上岸，慮日浪人尾追，眈觀張摺扇掩其鬚■北京同余雅集徐園。精一在抗戰時時訪余，上清花園■…■於中國國民黨。金九等歸，本黨公餞之，余作詩云：

復義由來大，坤維旋轉初，
千年脣齒誼，卅載膽薪劬；
煥矣成新國，欣然望舊都，
舉觴申私祝，長念萬民蘇。

精一在座，今二友永別矣，不勝悲愴。
閱十三日香港時報，載大別山區游擊大隊司令汪憲

在固始黎家集設司令部，不意被林彪軍取立煌外圍吳家店，粟裕由蚌埠攻正陽關，入霍邱攻葉家集，張軫自信陽經光山攻經扶，汪軍五萬不支解體，汪君衝出立煌，走雙河山奔仙跡嶺至蘇家河。張軫部先至蘇家河，汪君避於附近馮家莊，共匪執其親友十餘人，限三小時交出汪憲，殺六人，汪憲挺身而出，在解漢口軍法審判半途為共匪活埋。

李自強同志攜來海南黨部書記長李遴漢同志贈椰製品一套。

下午莫葵卿來譚，李達三來■…■，歸耀甥處飯，飯後即到招待所，秦主任祕書啟文宴客。席散，陸世榮、任德曾拉弦不殼、松香不足之二胡，有二男一女唱平劇。九時，分二車同余至北投，匆促間即過士林，既而老北投，過橋則為新北投。經公園上山坡至八勝園，自公路轉上小路，即為鐵路局之上招待所。聞下招待所為麗園，各處撤退之鐵路人員佔焉。上招待所陳設甚備，因總統府遷台，收拾床椅以備一朝徵用。入門左首為溫池及解衣室，池夾弄一客廳一書室，廳室之前廊■■山景。門右行則為起居四室，室皆有前後房，前房有銅盆插花，又一房有竹壺插花，花為杜鵑。諸人先唱後浴，擬借麻將牌，未得，啜粥即眠。余在睡前亦浴，渾身通泰，睡至酣適。吳愷玄、張公俠先回。

1月15日　晴　星期

六時餘起身，出門自小徑右上，紫雲一片在青雲之上，山風拂面，遠處尚有雞鳴聲。經一、二別墅，門皆

嚴扃，僕侍皆在睡夢中。又行經溫泉溝眼數處，沸氣上騰，硫磺觸鼻。約半里許小徑盡，下為通草山之公路，聞風景有數段佳者，步行約需二時許。余自公路上抄回，境界較寬，右面山外有山，青淡有致。至八勝園，折上松江，錢中岳甫起身，喚李秀妹起為余盛水洗臉。余拉中岳上北投市，中岳亦邀秀妹，秀妹不欲往。自中路下山，雖有樹陰，卵石為山水衝刷，散列路面，余單鞋頗覺楞襯。至公園有管樂一隊經過，長吹於晨風駘盪際，遇神女歸寓者數名，有一名較素淨，手挽一西方高大人物，女面■白，行路頗疲。入山東館同食水餃二十、鍋貼十五，鍋貼黃嫩。余問及台北有無同樣之點心店，掌櫃開鹿鳴春（成都路大世界影戲園對面）、山東館（中正東路中央日報社對面），並提及會賓樓及燕市酒家。出，上瀑布處，見有兒童以乾檳榔葉在瀑布下野燒，火炎上，瀑篩下，頗為美觀。在新北投遇林潤澤，引入新都飯店，見中央同志住得頗擠，其鄰室為各省市同志住者，無廚房，不能舉火，眾人苦之。是處為市黨部產業，大小四池，營業客房凡七，儻加整理，可以獲利。出，到老北投一行，希望得一茶館晚上有書場者開門，至則門扃，乃折回。遇上官俅，同上溫泉里訪何子星，不在，乃上鐵路上招待所，余浴殊暢。十時歸，錢中岳、秀妹坐司機旁，中廂五人，邵介堃、陸世榮、余，後座秦啟文、任懇曾頂起。余自延平北路第一劇場下，覺北投當以溫流成瀑布處上下一段為最佳，瀑後跨潤一橋，橋面下兩邊有觚形木支撐，材料為鋼骨水泥，而外形似以樹幹灣成者，節紋縐皮，望之若真，則

為此一段中之至佳。日人於天然風景佳處，尚不惜以人力補天工，思欲奪其巧，其不肯苟焉而已如此，真世界之優秀民族也。至公園椅坐身亦用水泥製成假木，則顯然為多事，殊可不必。至北投之最缺乏者則為茶館，余聳踊夏君承恪（字心客）為之。夏君為兩招待所之管理員（住麗園），江西新建人，夏敬觀先生之子。敬觀先生小中風，在滬上寫畫解悶。

十一時朱鍾祺偕友王士勤駕吉卜來候，錦姪以腹痛且月經零碎，不敢往。余等到女子中學三樓三○八室■文耀，今日立法院招考職員，耀為監考員。同至雲和路七號吃飯，250 元席，以蒜子干貝、脆皮燒雞、扒鴨、鳳足、香菇為佳。同席為楊□□（晉江人）、王沿津、鮑德麟、王平夫婦、舒尚仁。熱食前後，王君譚淞滬會戰大場、月浦皆受災最甚，鄉下房子云有礙視線，均拆燒，農民無處食宿，有求多延一頓飯而不可者。工事確堅，物資極富，共產黨人死者不少。王君為任掩埋屍體工作，屍體分三類：（一）共軍死者；（二）國軍死者；（三）人民，本地人士意在搶奪死人之銀圓金戒，不肯抬埋。王君又云共黨所謂採取人民意見頗多做作，明知應改者，初發離題較遠之令，既而來許多人上書，然後改正，謂之採納人民意見，頗好笑也。

三時返，劉念衢自基隆攜兩歲子來訪，子來睡余床。既而黃小堂來譚，余與小堂行中華路，購得法文日本故事小說 ZENN 一冊、台茶十兩，入真北平食醬肉燒餅、豆腐滂、片兒湯，念衢付帳，筱堂攜餅返，余攜肉返。上次凌英貞請客多付五元，今日以之購肉，乃意

外收穫。回錦處食稀飯、福建糕包，食畢，耀、錦送余至南京西路乃別。

李先根送米條來，未晤。宋家治、沈季中到招待所來，未晤。得台南方祖亮、許建元書，建元於去年九月生一男孩。

1 月 16 日　晴　星期一

晨食泡飯，有定海醬腐乳，不敢多食。前日食豆腐漿之後又食粵式豬肝粥，肝半生食之，幾嘔吐，大概傷酒之後傷寒，食腥即有此狀，自當戒之。九時到黨部參加紀念周，到者殊眾，頗有人病沉重，諸親畢集之概。原定于右任主席，臨時改推張懷九，洪蘭友報告非常委員會工作，讀題目象樣而決議案效果無可舉者，雖疏通蔣、李、閻之間不無微妙，但以之比中央政治會議及國防最高委員會之權力，不可比擬。蘭友讀改革方案一段作結論，喟嘆於言外，殊為巧妙。會散，鈕惕生、姚容軒、葉溯中皆集余房，余商容軒以擬議之警告馬星野案，定於十八日舉行黨務考核委員會。商畢，又同陳以令商三事，即歸錦帆處飯。飯後歸六號睡，睡起答拜沈計中，未晤。到鐵路局，莫葵卿請任卓宣講演，余亦往聽，遇副局長費之驊、修城、王世勳。任講因愛國、愛民主自由、愛民生，所以反對共產黨，致勝全仗一心，歷二小時，正確清楚。散會後與錢中岳巡視一周，乃歸迪化街二〇九街，遇孫道始、陳霆銳坐一有無線電之新汽車，方靜候二粲者上車，余與孫立談一回乃別。夜飯後，耀送余之西寧北路口，余至顏叔養、沈計中寓譚

笑，復同錢中岳、秦啟文到會賓樓隔壁哥崙比亞咖啡館小坐，司櫃女平面廣顙，似修道院中小尼。出，走西門町衡陽路博愛路，見日本被面有鮮麗者，又見一溫州小琵琶腿，重五斤十兩，索八十九元，還價八十五元，未成交。過鐵路時，入一山東木房食餛飩湯頗鮮美，每碗一元。

　　今日為張莘夫逝世四周年，張女藹雷肄業台大，在中央日報發表一詩（前三節不錄）：「四年了，爸！『回憶』隨著時間更來得親切，『懷念』跟著我的年齡一天天增加，永遠流不完的淚，永遠訴不完的辛酸，永遠洗不了的血蹟，永遠彌補不了的創傷。把苦痛化成生活力量吧！我恨呵！爸！」又有陳素卿為戀愛張白帆，婚姻不遂而自殺，陳為「省外不通婚」之犧牲者，其遺書極長，而纏綿中有警句云：「我要求你們（家長）以後再不要仇恨外省人，外省人有壞的，也有狠多的比本省人更好的」，皆是女子之至情文章，可以傳世。

　　又路透社倫敦息，十九世紀英詩人孟拜戀愛女傭柯爾威克，兩人祕密結婚三十六年，僅女方家屬及三友人知此事。柯氏在寒莉故居充任女傭，直至 1909 年死時為止，孟拜有遺囑一字據箱，應於一九五〇年之第一天揭開（今年元日揭開），內有詩人致柯氏之信件，祕密始揭破，可為男子至情之表現。

1月17日　晴天，炎熱

　　晨，任薏曾約往松山飛機場，為余在身分證上蓋到達台北戳。於中央黨部會報中待任君來，未得，想亦因

開會不克抽身之故。午膳回耀錦處食魚羹，聞自十二月始，上海查戶口嚴，偽託隱身者多受苦。飯後極倦，倦至一刻不能待，上床即睡，情同嬰孩，不知何故。睡起到六號寫信，三時出席中央委員譚話會，陌生人不少，余未發一言。交鋪蓋與仲翔，搭閔石麟車到鐵路醫院。余又到六號坐，夏承恪、林星平來，未晤。上午吳治普先生年八十，到中央黨部見訪，伊同稚師晨同進奶粉、麥糊、雞蛋，云稚師腿不能行，耳重聽，惟說話能力最強。余擬為錄音，嗣後客來可開留聲機片，省得費力。余為任卓宣設計，亦請錄音。六時到黃小堂處飯，飯後吳愷玄請聽顧正秋全本玉堂春，同錦姪往，演至十二時始畢。歸時失足陽溝中，脫一履，秦啟文、陳世榮頗為余擔心，左手微覺閃肭。

晨在中央黨部洪蘭友辦公室會見陳含光先生，年已七十，談台灣無較好之紙墨筆硯，文人苦之。伊所處光線不足，桌椅較小，祇能作小幅畫。余批評在台灣未見有較完善之書房。

1 月 18 日　晨晴，午後陣雨

九時黨務考核委員會警告馬星野案，任卓宣有報告，宣傳部對宣傳機構之管理，自企業化以後斷乳，滬陷後斷紙之後，亦有不聽話者。總裁辦公處新聞處之尊嚴似較高於宣傳部，開議時，白上之陳對於文化事業、文化人似較寬一著為妙，陳義較高，不為人所諒。楚傖詩高，言易與群情忤，此時更顯然也。十二時散會，孫穎羮來譚周中敏可恨狀，余請伊到迪化街飯，略飲酒。

小臥後即到立法院，取到海南所得之雪梨香、露香及茄
楠香。文守仁到六號小坐，林星平自臺東高山區送來蝴
蝶蘭一板四本，開花極為好看。何毛同文、洪亦淵來
訪，均未晤。昨錦姪到婦科醫院洗身後，小腹即不痛，
今日亦不痛，可望愈矣，為之欣然。五時許，白上之來
候余黨部同樂會，余略有演講。到顧健德處飯，京士未
到。遇洪小姐適朱慶治者，伯言、叔言之姪女，父名錫
疇，行二。今晚桂伯煮菜殊佳，余帶回醬瓜及醬蘿蔔。
飯後西瓜，借不到麻將牌，朱慕貞、洪婉貞送余六號，
各贈茄楠一份，乃別。錢中岳來，亦贈以茄楠。同秦啟
文同行至甘谷路乃返，毫無所獲。回六號已十二時，在
秦啟文房所冉（燃）香猶冉冉焉，不易成寐。

1月19日 雨

　　晨來接赴常會，軍事報告，懸圖略有藍圈者為吾軍
守地，自西康、蒙自、桂南、雷州、海南、臺、澎、金
門、舟山、嵊泗雞零星布，看來不象。葉公超報告外
交，言軍援無望，經濟援助延展數月，政府不健全，賞
罰不明顯，軍事不統一，黨力不能行使，損失物資無
數，不聞科責。詞畢，居覺生、朱騮先均發言，言歸
言，議雖議，政不正，事不成。余於十一時感身上寒
冷，乃歸錦帆處，飯後小睡。到六號，吳愷玄來索暢流
投稿。今日報載傅斯年、毛子水等請改葬陳素卿，稱陳
不為物屈，有所不為，發至情之文，殉赤子之靈，宜補
葬於山水清幽、塵囂不染之處。三時出，到立法院行走
一回，既而到中央信託局望李向采、孫秀武。出尋孫道

始，不得。入商務書館，購得吳達元編法國文學史。入中華書局，問李叔明在美國地址。在街上遇金仞千、凌紹祖，同金、凌上一茶樓飲大紅袍，茶味不惡，而播音機音樂震耳，不能暢談。坐至五時乃別，在街上又遇王溥。歸錦姪處飯，飯後行延平路至六號一回乃別，余湢浴後睡，至酣適。

1 月 20 日　晴

晨雨，到黨部中監常會第七十七次會議，議至十二時始散。馬星野有主撤職者，余主警告已足。黨營事業調查報告發言亦多。飯後到立法院取得房屋租賃費三千元，到黨部勾當公務，勸胡光炳同志勿參領職員請願等事，因時局危急，黨國有許多大事待商也。歸途同白上之到台糖公司望王崇植，歸六號休息。四時出到鈕寓，惕生先生、長耀、陳伯稼均公出，坐伯稼房翻書，見有桐山方中德古事比五十二卷、南海胡又安編駢林摘豔五十卷、日本人印四美堂字帖兩冊、四美堂帖計兩集，每集十冊，余留條介紹章鶴年，乃出。到洪陸東家晤陸東夫人，借元曲選二冊，穿植物園，自和平西路折入漳州街，為鐵路外之擬設街道，尚未成街。走鐵路一段，轉入廿九巷九弄二號，為何芝園，夫婦雙出。四號為凌龍生、金仞千，二人皆在，譚江蘇人應作建設準備，食饅頭四枚乃出。於鐵路旁尋武葆岑不得，逢許建。在和平西路二段四十四號入韓同家，略坐，即歸耀寓。得章鶴年書及香港顧國棠書，伊與弟國楠均已退休。歸途在介壽堂前，一卡車撞倒騎自行車女郎，但聞慘叫一聲，

是死是傷，明晨閱報方知，慘哉、慘哉。夜閱元曲留
鞋記。

1月21日　晴

　　晨任憙曾陪余借莫葵卿車赴松山機場，於民營機檢
查處得蓋台北入境戳，幸無困難。歸至黨部，遇胡立吳
於門披，伊入余辦公室，余略知吩事務，即陪立吳返。
介壽堂二樓為總統府，三樓為行政，口字形房，能容機
關甚多，以國防部最為擁擠，余遇邱昌渭、王唯石、賈
煜如、杭立武，熟人極多。出，到女子師範與江學珠、
薛佩琦談。十二時返耀錦處飯，飯後即到六號小休，起
身後開始寫不宜悉記不可不記帳冊之第六。出，於承恩
門鐵路側，得日人東陶製棗紅盃一隻，似係剔出之件，
內外均有微粒。到台北市黨部答訪喬廷琦、戴志鈞等，
均未見到。聞諸同志日間外出，晚攤地鋪，極為不適，
為之不安。在中正路遇周頌西，伊正坐車尋余，同入總
理紀念館，黨同志家屬麇住於總理曾奕棋之室，殊無以
起觀感。行至中山北路，入劉光斗軋麵鋪內小坐。出，
遇李向采，知李清選今日可至。余等到向采寓，則併秀
武不在，乃回至同慶樓食鍋貼，佐以炸腰花、熘黃菜、
紅燒白菜，價尚廉，紅燒白菜不及北平所燒之道地。歸
錦侄，略進飯，飯後尋洪亦淵於南京西路，遇木瀆張伯
雍，認識陳颺夑（紹虞），又識施文玉。返六號，葵卿
來譚，希望中樞政務早日有人主持，教余努力。八時許
同秦啟文入禮堂觀電影「三人行」，係關於偷減工程之
故事，惜無收，稍疑亦紅廠出品。

　　晨喬廷琦來晤見。錢探斗來，未見到。下午皮作瓊來，未晤見，留片告我劉大悲在士林園藝試驗場，為之欣然。毛同文同另一女賓來，約明晚六時飯，洪婉貞已約在前，而中央日報又於其時召開董事會，正教余沒法安排也。

1月22日　晴　星期

　　晨聞二火車頭相撞。又女工秀妹病，秦企文忙於公事，余同任憙曾乘車至士林園藝支場，劉大悲在進門第一家，娶日女，生二女，幼者方四十日，大悲年五十七，挈抱極苦。余於辦公室晤陳國榮，法國凡爾塞種植學校卒業，導余正面花圃，以象牙紅、杜鵑、□□三種為主，新蘭亭蘭有紅、白、紫諸色，大如蝴蝶花，其盆架須用□□亦植焉。入場深處，入總裁行館，方在粉飾布置中，觀賞林以楓、松、柏、櫻、桃、梅三角密植，有四時可觀之樹。行館在劍潭山趾，山趾亦為布置，頗費人力，有水池礱黃石，儲水無章法，中造一鯉魚可噴水，頗高，未放水時頗覺俗氣，不知放水之後如何？館有正屋、副屋兩部，正屋為樓，樓上缺點：（一）會客室太光亮；（二）洋瓷浴盆太小；（三）每衣櫥都有抽屜櫃一堆，嫌太多。樓下缺點，入門處一玻璃擋屏，有如澡堂。聞此屋費五、六十萬台幣，總裁或不之知。俞濟時等挑剔工程，指揮布置頤指氣使，若忘其應在臥薪嘗膽時者。游人有救國不忘享受，享受不忘救國之誚。入辦公室題名，吃本場所產有斑點之小橘，殊甘。在場遇蔡培火、莫衡。入大悲寓，見柚樹垂四

柚，而頂端又開花，大悲曰「果實成熟需時長者，則一
面開花一面結果，造化正體貼入情」。坐陽光中試劍
泉，台北自來水未遍時，台灣總督於此取水歸飲。余二
人譚華法教育會勤工儉學故事，第一次世界戰爭之後，
勤工健學者不少，華法教育會則收有力學生，每人三千
佛郎，儲匯利銀行生息，將息金月三十元至五十元津貼
每名學生。李石曾先生募捐歸墊，以補支出之不足而應
付提款，最後穆岱索得庚款一筆以為清償。津貼制將終
了時，里昂中法大學之議起，原允在勤工儉學生中考選
半數，初擬招生可四、五百名，迨修理聖帝累南，僅能
容一百餘人，而國內在滬、平、穗所招乘包島斯法郵船
來馬賽者已一百餘人，乃不收勤工儉學生，其時思想不
穩已露端倪矣。周恩來等乃於蒙伯里取齋，於余等到前
二日進佔里大。褚民誼先生與曾仲鳴商諸里昂警察局，
押進佔之人於別處，於雙十節後遣送回國，其中折回里
大者為曾義、□□等，自俄返者當為李立三、聶榮臻、
陳毅等，周恩來仍在法國。總理逝世，開追悼會於里昂
市商會，大悲、章景秋與余主持其事，周恩來演說懾隆
納省省長離席，大悲幾至被遣送回國。此為十年至十四
年初之事，今日重譚，相與感喟。一時許，任憙曾來
候，同往朱慶治家笑譚。二時至寶慶路台糖第二宿舍參
加第七次崑曲同期，遇徐炎之、張善薌、王道之、趙守
鈺，以道之聞鈴、守鈺之訓子，及李伯英夫人梁瑞寊之
剪髮為佳。有某君唱蘇子瞻水調歌頭，音頗闊大，惟不
悉「轉朱角，低綺戶，照無眠」之頓宕情趣，粗粗唱
過，疑古調不如此也。四時至同文寓晤彥文，大姊將赴

美教書，同文子慶愉及女小翠均在美讀書，有合景寄回。六時至泉州路鐵路飯店，列席中央日報常務董事會，面致中監會決議事項，諸人似感余之忠厚者。八時應朱慶治宴，福建菜一席，以蒸干貝及口蘑湯為佳，食粥時之醬黃瓜，飯後之西瓜皆佳。西瓜後打麻將四圈，慶治夫婦助余得贏十元，歸浴後臥。

1 月 23 日　晴寒

晨赴中央黨部紀念周，陳辭修報告確守台灣關於軍事布置種種，講至十一時半始散。散會，余與馬星野談忍氣種種。陸雲章大世兄來訪。歸耀處飯，飯後臥。起臥，走北門，購絨線衫贈葉落。閱元曲竇娥冤、誶范叔。出至京士處，伊赴台中未返。同楊有壬走至中山堂觀書畫展覽會，無佳品。到立法院，段劍岷正吵五十元勞軍為何不收繳，港澳立法委員喚回為何不寫決議。歸，在南京西路榮元號得晤洪亦淵，知沈霞飛打游擊，蔡用之做苦工，顧佐周被清算，衛序初繳白米，朱敬之逃上海，周梅初頗得意等情。亦淵到六號小坐。余嚴閉窗格，洗浴後即睡。台灣今日不滿六十度，最冷為五十度，期約十日。

1 月 24 日　晴寒

晨腹瀉二次，疑豆漿未沸，同慶樓及福建菜或有不妥也。到黨部之後又瀉三次，致不合再坐。首長會譚白上之替余參加，祝兼生取來 Sulfaguanidine 及蘇打片，乃歸耀錦處臥，略食飯，即歸六號。得香港孟尚錦謝余

在成都時為伊設法飛機票，附來馬蔭良書，知馬師健
在。伊於十二月廿八日交書三一百六十九萬元，抵余成
都之一百三十銀圓，如是則人民票跌得有限也。六時赴
黃筱堂家，略飯即歸。聞蒙自失，陳大慶陷，並陷三飛
機送往銀元三十萬，又悉為運千萬壯丁赴蘇俄訓練，上
海人逃至舟山者甚多。

1月25日　晴

　　腹瀉已止。晨赴黨部，知非常會於午後十二時三十
分在草山舉行。閱張羣關於滇變報告，盧漢放伊飛港，
竟備一客氣函件。到省政府晤浦薛鳳。歸姪女處飯，有
蘿卜絲燒豆腐，極可口。下午二時再到黨部舉行檢討
會，三時半至中山堂聽于峻吉外交演說，美國國務院尤
其是外交部觀念差誤，不幫吾國，甚為可笑。同耀甥
飯，飯後回六號。洪叔言、費之驊、吳保容夫婦來譚，
伊等已得住又得就，相與歡喜，不久便得吃東坡肉。

　　陰曆臘月初八日，任憙曾、秦企文、邵介堃、王企
光、李芳華、錢中岳及余，夜十一時吃臘八粥，約下一
臘八在南京吃粥。

1月26日　晴

　　晨八時到黨部，九時常會，總裁主席，請各委員發
表對當前局勢意見，五人起立發言，休息十五分鐘，再
有三、四人發言。至十一點半，余先退，總裁作何語，
余未及知，但不出於維持現狀，觀昨日非常會，仍以顧
祝同代國防部可以知之也。到耀處食菜花、洋芋。回六

號，朱佩蘭來講調庶務科後忙累狀。三時出行，遇王開
化（競明）坐三輪車於途，伊之賠償委員會尚有工作，
台北假省政府對面交通處辦公。又在購日本瓷器攤遇黃
堅（振玉），相與行街，過萬象委託商行，無所得，乃
入公園對面舊□□館振玉第四女新生報職員宿舍小坐，
兩房共住七人。振玉蓄盆栽甚趣，有天生之蝴蝶蘭，氣
根作綠，糺結於枝上，比人工栽者為美觀。晤振玉夫
人，談五四故事及南京李家苑吃蟹故事。晤民族報採訪
劉昌平，廊坐下可望見路上行人。余遇金輅，喚伊上
樓，伊任農林公司視察。又見汪公紀偕伊兄□□偕行，
余下樓，同入公園航空公司招待所咖啡座飲咖啡，咖啡
及小食均平常。六時離座，無其他顧客，位置則極清淨
也。余赴洪長興應洪亦淵招，晤張遠，常州人，久在東
北，現為江蘇一路游擊司令，頗忠勇率直，云沈霞飛為
游擊第二司令，現在嵊泗縣之枸杞島。耀甥語我總裁招
夜飯，未終席即坐張壽賢車。余上七重天寧波菜館，謝
姚耀發招，座中有吳開先、陸京士。

　　到後草山台糖招待所應總裁招，同坐有劉哲、石志
泉、傅孟真、蔣勻田等，總裁問余身體佳否及經過海口
各節。席散，乘劉敬輿便車歸六號。今晨常會，中監會
常務委員發言者甚多，總裁表示不離台灣，如反攻大
陸則願死在大陸。姚容軒又申說，總裁一人殉國尚還不
縠，其意蓋將逼常會諸人均誓同生死，而總裁亦云不
縠、不縠，可想見內心痛苦。又關於復任總統一字不
提，總統也，非常委員會也，行政院長之另選人也，連
帶在一起，有如打五關，頭關不通打不下去。昨日更換

四部長，乃維持現狀之確近表示，尚何言哉。余又會場
及官邸，皆未發言。

1月27日　晴

晨至中央黨部，喬廷琦、姬振魁皆來探余，余同之
入公園，坐電台車至大南廣播公司晤吳道一、董顯光。
昨曾告總裁日本人未完工之廣播大廈建築極鉅，總裁曾
問修理需款若干，或親來觀看。余來關照道一一聲，並
商存中監會文卷。歸黨部，彭爾康、楊寶琳、于心澄、
薛佩琦來訪。十一時半返耀寓，錦帆姪修一書賀三叔
五十壽。飯後回六號，閱元曲倩女離魂及陳搏高臥。四
時半走車站，自七洋公司折入南陽街省黨部，今夜游藝
歡迎中央黨部同人，余已先允錢探斗約，乃先往辭謝。
黨部在貨運服務所對面，原為警察會館，禮堂佔一角，
頗能容得些人。余往，正在布置，粉飾一新。晤宣傳處
長鍾自若，到台已兩年，梅縣人。出尋朱育參，伊送余
至承恩門。余於鶴鳴鞋店購得布底鞋二雙，微嫌緊淺，
以其價廉，故購存。余皮鞋、布鞋均遺棄在成都，有棉
鞋一對，台北天暖無所用之。入鐵路管理局與莫葵卿
譚，伊主反攻之前，行政各部門宜先集同志研究設計改
良，免得日後無所措手，現日有用之人皆置於無用之
地，例如交通，伊主設一部長總行政，其下路政總局掌
鐵路、公路業務，郵電總局掌郵政與電報，航政總局掌
飛行與船隻，每局皆以一次長領之，以溝通業務與行
政，業務人員以優劣升降，不憑資歷，現有銓敘、會
計、人事、審計、統計五線通中央而責成效於局長之制

度，皆宜改革。辭未竟，而員司晉謁，余乃出。余於暢流主摘載重要及有趣味之檔案而加以按語，又每期須以淺近、合習慣之語文撰一、二篇台灣人看得懂的文章。六時同秦企文、陸世榮至錢探斗寓，得見宋李迪花鳥長卷，有柯丹丘、倪雲林跋，包世臣詩（行書）一厚冊，錢南園不署款字軸，皆真跡。飯時有魷魚、紅燒肉、蝦仁燴豌豆、牛肉湯、醋黃魚，皆美，係探斗續絃長沙張藕兮所治。飯前後共打麻將十二圈，有四數、三數、聯環、套節高、全小、全大、全中、祿在其中、自得其樂等花樣，余所未曉也。余勝，返六號已十二時，不能成寐，起身寫日記畢，為子夜二時二十分。

1 月 28 日　晴

晨擬赴基隆，尋吳保容介紹片不得，疑是天阻，乃不往。閱某控案，心中不樂。又得十二月廿九日炳弟來書，益為納悶。消息之不佳者：

（一）豐哥典當房已充公，秋糧須繳四千餘斤，不能回鄉。翰姪十一月咯血，又發盲腸炎，死去三小時，賴炳弟救愈，現日骨瘦如柴，正在休息中（霞霞走頭無路）。

（二）公望、寧馨無意入校讀書，更無意與金賓洛二女言締婚。

（三）余之西屋為區公所借用，秋糧須繳五、六石白米，穎姊正在為難，馬蔭良款分用一分。

（四）錫弟任棉花過磅處副處長，正處長葉元鼎常不在，終日忙碌不了，星期日亦照常辦公，心緒

不佳，炳與談家常惡貌秋嘴。又得王表弟良書，小妹被索十萬斤穀，終日在街上奔跑，將售屋繳糧。

消息之較好者為：

（一）震弟節飲，不發脾氣。

（二）奐甥思想前進，終日忙碌。

（三）延吉在北大農科來信，似有進步。

（四）湘寶任宣傳，極出風頭。炳在上海診務尚可，取價較廉，終日轂忙。

余往黨部小坐後，即偕許以仁上介壽堂見胡立吳、濮孟九、崔唯吾、陳慶瑜、王洸、朱慕貞等。出購食品，回耀處飯，飯後睡，睡起到六號，任惥曾約夜赴北投游玩。五時出行街，自延平路返入榮元，行晤張、洪、夏、趙，約星一吃崑山鴨麵。回耀甥處，飯後走回六號，任惥曾已行。錢中岳來訪，未晤。既而又來章鶴年、梅必敬，來談梅被人誣告，四、五處受詢，走頭無路。

1月29日　晴

在招待所食粥，同錢中岳小半齋酵肉麵、野味香春捲、湯糰，湯糰鹹者鮮，甜者香，的是能品。到博愛路七號，在陳伯稼房讀伊近作五首，以五言古一首、論讀書人改業一首真摯遒勁，極好、極好。引中岳見鈕惕生先生。中岳族伯父復初先生與鐵老光緒甲午舉人同年，三十四年七月卒，有文集及小學筆記，唐蔚芝先生發起由世界書局印行。惕老謂復初先生自修齊至治平，

伊則求治平後再來修齊，結果復初先生年長有成，余則無成就。雖屬謙語，亦含微喟。出行植物園，走和平西路入漳州街欲尋武葆岑，於鐵路旁遇中大畢業再入訓練團海門龔祖遂，方與人組織粉絲廠，導觀上海人開之豆腐店，生意不甚佳。到羅斯福二段徐向行處，同中岳及寧鄉張潛剛飲酒，既而南京祁德華、張肇蘭來認識，吳景文之山溪後任李亞陶來共飯。飯後歸六號小睡，四時歸，同耀、錦走保安路、寧夏路至北門，遇任今才君（字幹忱），任台北工專祕書。回寓食麵，夜閱元曲看錢奴、抱妝盒。得江蘇同鄉會書，被聘為名譽理事。

1月30日　昨夜雨，晨寒，天晴

晨到黨部，下午復往參加審查會，為黨營事業結束調查改進各事及台灣省黨產調查兩節。六時散會，到徐向行處取酒，在狀元樓宴同事，十四人吃了二百三十元，頗飽。歸，同盛憙曾、李芳華、馮如玉打牌八圈。陳立夫午後來譚。

1月31日　晴風

晨無豆漿，同秦啟文至西門町野味香，思食湯糰，而湯糰師父未上工，乃送啟文至鐵路局，而余到三六九食麵，遇上清寺熟堂倌。到黨部參加首長會議，為考績問題多所討論，余以三十七年未舉行，主張應晉級者可佔百分之一百三十，最多不得晉三級，發言甚多。十一時半返耀處飯，飯後返六號，孫秀武同段貽遺女永蘭來譚。三時中央委員譚話會。五時同洪陸東早退到王子

弦家，同至南門市場永興號沈琢初處，索定海酒四瓶、
醋一瓶，到子弦家飲三瓶，食陸東所購海蟹。八時在中
央黨部歡宴菲律濱黨員柯俊智、丁玉堂、洪長恭、陳存
汀、蔡雲欽五人，西菜，馬星樵致詞，柯俊智答詞。有
華僑見白皮書，知國民黨政府並不賣國，又云菲律濱雖
至最後一天，亦必反共。

2 月 1 日　晴，陣雨兩次，雨點頗大

晨食顧儉德昨夜送來燻黃魚。到中山堂二樓立法院報到，為三十五號。三樓取款，人頭擠擠，頗時頗多。十時到中央黨部，在蘭友室小坐飲茶，劉延福（將辭去澎湖縣長）來。十一時半，同陳天鷗等到松山機場。十二時正，程天放、羅家倫自馬尼拉飛來，迎迓者頗眾。到洪蘭友家飯，飯到趙耀東家與郎醒石嫂及趙妻郎瑛譚，帶回耀中所做醬油。坐三輪車返延平北路，遇雨。小睡後即到六號休息，五時半回錦帆處，遇野雞車，三輪行疾如風。夜飯食蘿卜絲燒豆腐、菠菜燒油片、油麵筋，極合胃。回六號，林潤澤、上官俅來談。顧一鳴君兩訪余，未遇。八時同秦啟文西門町行街，遇雨，入維納咖啡聽音樂，遇蕭自誠，伊自中央日報出來維納飯，余為會鈔。伊送余等回，上樓來譚。錢中岳來。

2 月 2 日　雨

因天雨，晨起已近八點，到黨部食粥。九時常會，總裁主席，余於各黨報各出一思想週刊表示不必，軍隊黨務委員會主張屬於組織部，用人主不必以有職者兼職，發言三次。馬星野警告執行，眾無異議，余未發言。十二時後散會，一時到耀錦處飯，飢寒交迫。飯後回六號睡，睡起閱報。回迪化街，錦姪方出燙髮。余到台北大橋閒眺一回，陰雲雨點，毫不見佳。六時食劉光斗鋪所軋麵，麵後回閱元曲忍字記、張生煮海。錢中岳來。八時半，中岳、憙曾同往馮如玉寓打麻將六圈，有得和一付小三元，結果輸了四元。鐵路局會計處職員戴

麟聖服來沙兒自殺，秦啟文又忙碌一番。

2月3日　晴

　　晨七時為地震震醒（報載七時〇分廿四秒），約五秒鐘以上（報載經過四分三十六秒）。雲南西南在七時四十三分有大地震一次，波斯灣區於前月廿九日有大地震一次，死者一千人，傷者一千五百餘人（布什爾港東南約二百英里）。八時前到中央黨部，與上之商考績事畢，同走公園入三六九吃麵。到立法院報到處認照片，認識者不多，公忠賢哲者更少。擁有地方票三、五十者皆將競選院長，選舉場中無廉恥，自好之士往往頭痛。到中央信託局，得李向采、孫秀武淡水海濱合選攝之影，秀武一縷髮上捲，向采褲腳捲緊，皆海風為之。十二時到甥處飯，有生蜆煮豆腐。返西寧北路睡，至酣。閱香港報，蘇俄逼中共往緬甸、馬來亞、暹羅、印度、印尼爭取活動領導權，又傳除印度外，東西亞由中共控制。又法國抗議蘇及中共承認胡志明政府，美國總統下令製氫彈，氫彈之輻射威力比原子彈大一千倍，世界之危機更為急劇。中共託庇於蘇俄而立國，雖經卵育，雖邀承認，實非蘇俄之本懷。閱報後，楊寶乾、黎術權來譚，寶乾自東北轉北平、廣州來台灣。術權為黎覺人先生之子，祠堂巷之小房東，譚該房現為共匪代管，幸有余親書滿期退租之條，否則需索更多。六時應李友邦、鄭品聰之宴，在廈門街九十九巷三十五號，有庭園頗茂，食台灣菜，以魚翅為美。八時至探斗家晤其尊人石年先生，打麻將八圈，十一時回浴。

香港工商日報一月三十一日載倫敦路透社電，一月十五日我飛機空襲上海，死傷七百人，毀屋四百餘間，為國軍撤離上海後之最大空獲，不知弟姪甥輩如何。

徐炎之來譚，伊女患白喉，已脫險，攜去杜鵑花，贈以醬瓜。

王仁壽在路工第三卷第二期有接收日本賠償物資有感，載 1945 年七月二十六日波茨坦宣言及 1947 六月十九日修正通過之盟國對日基本政策：

（一）日本支出賠款，以工業設備及產品等實物為主，盟國並不索取現金賠償，此因不但軍需工業即一切超過人民需要之普通工業，亦均足構成作戰之潛在源泉。盟國決定將日本工業設備拆遷充賠，不但消滅日本之潛在戰力，且可幫助遠東被害各國迅速恢復工業生產，走上經濟建設途徑。

（二）盟國向日本索取賠償，同時顧及能使日本在戰後維持一合理的平時經濟生活水準，此點為求日本人民生活安定，免得仇視戰勝國，醞釀敵意，再掀戰禍。

二項政策頗為明智，乃盟主美國專橫偏執，有寬縱袒護日本，歧視吾國利益等情。

2月4日　陰寒

晨豆漿後又來泡飯。車來候我，至錦帆處又食春捲。到黨部略坐，寫現留同事十一人評語。到立法院，黃振玉正為郎靜山布置影展。回六號閱書，飯時有粉皮燒鱔魚、豆芽炒素。飯後臥，起身後閱元曲隔江鬥智、

氣英布及馬致遠江州司馬青衫淚，俊逸新鮮，真是文人
雅事，惟情節結以奉旨團圓，足彌缺憾，倘以現代人以
缺憾作終局，馬致遠必更有好曲，真是曲中第一流人才
也。天氣寒冷，不敢作郊游。與秦、陸兩君赴探斗寓續
昨游，共打三將，余負十五元，未玩到新花頭。十二時
回六號，浴後睡，風搖庭樹及窗槅，人在羅衾紗帳，希
得美睡，念平生愛我之人墓木已拱，雖死異鄉，幸能歸
葬親側，倘夢魂見余客中頹廢，當有責言。夜十二時
三十分就枕。

2月5日　晴，陰居多　星期

　　晨九時方起，錢中岳來喚，同乘秦啟文車至泰順街
四十四巷十九號尋得鄭味經，妻朱，寧波人，居南潯南
柵，生三男三女，長男在麵粉廠，原隨薛明劍，現失
就。長女在中央印製廠，已訂婚。二子康，三子超，二
女圓臉，三女已能操作。味經中央信託局疏散後，製維
他牛肉紙包出售，牛肉有斷缺虞，包裝貴，香港不能運
往，代銷人家得利多，收款須賣出後始得到，本錢易滯
住，有五不宜。十一時，其未婚婿及婿之表哥嫂來。余
到師範學院宿舍尋楊寶乾妻陳，住城內陸家橋宿舍，近
處為師範之附屬小學，頗寬大。余入內參觀幼稚園，一
部分新建，小桌椅亦新式，理化、圖書、音樂教室皆在
樓上，音樂教室之黑板漆紅色五線，音符、快慢表分貼
牆上，風琴白黑黔表貼於黑板上壁。校中已放寒假，秋
季始業，現已三十八年第二學期，一年級不招生，二年
級前一學期、後一學期皆招插班生，疑舊制春季亦始業

也。歸，訪黃離明於十九號，未遇。楊寓在三十號，寶乾正為正中書局編一完備之字典。十二時洪亦淵、張百雍、沈亦珍、文燿均來，飯以燒東坡百葉捲、燻黃魚為美，中列暖鍋，以線粉及油片為底，亦可口。飯後走盡和平東路，地名六張犁，自公共汽車 3 乙最後站上山。先經日治時代監犯叢葬處，又經一日人骨灰已取歸之荒塚，有出家僧，有居士，疑為佛教叢林塔。自馬路上有羅金氏、閻陳氏墓，陳氏閻錫山之繼母也。下山，走至師範學校前，有 3 甲車，余與伯庸、文燿上，到介壽館，余與伯庸下。入寶慶路台糖宿舍聽崑曲，以趙守鈺之山亭為壓軸，氣足辭暢，了無遺憾，不絕如縷之，崑曲賴此以傳。生旦戲之雞鴨咿啞，祇聽得音，辨不得字，必歸消滅。又有一生唱長情短情，氣舒詞穩，亦能手也。某君再唱水調歌頭，一路高昂，頗有趁江鄉氣息。不知此詞前段結二句五言，即需瀟灑宛轉，後段起三句，三字為句，寫月色之夜深移轉，細膩飄逸，為坡仙出神入化之句，又不宜輕易唱過。疑古調決不如此，有勞某君嗓音多矣。山亭時某君去，小沙彌說蘇口甚準，亦能才，二笛師徐炎之八陽收拾起，苦■⋯■福君訓子稱職。本日遇浦逖生、李伯英夫婦。六時返迪化路飯，食蛋餃。夜未他出，即睡。

　　楊漱霞師今年十二月十九日七十壽辰，宜以文或詩祝之。

　　藍山鍾伯毅先生，安康雷孝實、陸望之夫婦及錢石年來訪，皆未晤。

　　張伯雍引俗諺云：冷末冷勒風浪晌，窮末窮在債上

頭。又林君云：一窮雙月少（無朋友也），再窮半風
（虱）多。皆可作崑曲上下場詩句。

2月6日　凌晨雨，鎮日快晴

　　晨聯合紀念周，閻錫山報告，聽者頗多，余坐近，
費力聽懂一大半。散會，到三六九叫陽春，熟堂倌云燻
魚新鮮，乃改魚麵。到黨部，得陳儀致湯恩伯勸叛書攝
影，馬星樵、倪文亞、□□□皆來譚。余重參觀郎靜山
影展，有蘆影一張，可指作瀟湘雁影圖，索價二百元，
不樂定購也。三時出，擬理髮，理髮廳滿座，乃乘三輪
攜便當至麗水街十九號與桂伯譚話，中間到叔言家略
坐，蘭伯持家，操作大苦，有厭世意。又到姜次烈寓，
譚人才宜分省自集合，且與台灣人往來，台灣黨員宜每
人月介紹新黨員。六時分飯，飯後同顧儉德走南昌街，
購得伏而泰小說兩冊。遇伯稼，伊多寫字，胸部受壓迫
微痛，今日請假未到，文廟伊坐椅及書桌高低亦不相
稱，為致病之由。坐三輪車返六號，食屏東西瓜三片，
浴後聽廣播，顧正秋昭君和番。

　　林成根偕林至成、郭竹如、林鼎銘來，晤見朱宗良
夫婦，陸京士來，未晤。

2月7日　晴

　　晨到黨部，有擁護馬星樵為海員黨部主任委員者，
來講吳琪不合狀。九時負責人員會譚，商至十一時始
散。余往任先志家，值白上之等種痘，余亦種痘。即在
任家中飯，余吃一碗，以湖南臘肉、豆豉為佳。到南昌

街購得四美堂法帖章草一冊，到狀元樓飯，歡迎程天放，飯後在總裁室休息。三時中央委員談話會，余講人事應配合政策，裁併須合理，裁員不可行，人才要以省別、職業別集中，兼職者應讓出兼職，台灣人應與外省人交往聯絡，內地愛國分子宜予以空銜，以資鼓勵。曹俊、劉文島發言，與余意見一部分相同。最後程天放報告在聯合國控蘇經過，余在程報告前曾訊全體會議究於何日開會。五時半，出西寧南路黃筱堂家飯，其媳煮一雞，余剝皮出骨，飯後筱堂至六號略坐。余右腋不舒。

2月8日　晴

晨有微熱，殆種痘反應。中央黨部派車來候，未往。到錦姪處食餅干雞蛋。訪雷孝實，伊視察日本賠償物資到台■機器各地裝置畢，謂得之者頗認真將事。與余譚詩，余為顛倒字句，遼西危亂中至上海云：

原作：
層樓燈火月中明，點染春申不夜城，
萬里烽煙收倦眼，強隨歌舞飾昇平。

改：
依然歌舞飾昇平，點染春申不夜城，
萬里風沙撲倦眼，層樓燈火月中明。

伊示余曲江吟草，自三十年辛巳至於今，以絕句為多。

曉發黃水塘遇雨

細雨霏霏灑荻洲，濕雲如夢護林丘，
炊煙欲起渾無力，才出茅簷又掉頭。

過大渡河

瘴雨蠻煙近早秋，飛泉相伴到江頭，
渡瀘旗鼓今何在，碧水長流萬古愁。

鄉居

客舍黃粱夢已非，村醪香滿鯉魚肥，
贏得酡顏對夕照，前溪踏遍野薔薇；
翠竹濃陰日已斜，芰荷風裡幾人家，
閒看稚女溪邊立，細手娟娟學浣紗。

夷門道中

日莫寒林靜，山深驛路長，
籃輿成假寐，襟袖忽生涼。

汪山即事戲贈竹君　四首之第一

雙燕堂前露滿枝，錦幃香暖漏遲遲，
不辭更坐重添酒，往事從頭說與伊。

　　摘句：

宿鳥漸驚風露薄，微波潛送彩雲來，
非關性■■卮酒，醒眼逢人舉措難；（沈尹默云此句深
雋可喜）

任他燦爛桃千樹，佔盡桑麻萬頃丘（醉歌），
一語風流堪擊節，半生欣賞在吟箋（讀隨園詩）。

附莫柳園　內子早起送別有感
驪歌催破曙光寒，感爾丁寧蜀道難，
隔葉鵑聲添惜別，映階柳色忍攀看；
文峰淡淡雲初散，黃桷濛濛露未乾，
我漸龍鍾君半老，何時得息一枝安。

　　孝實在西昌三年，詩中頗紀邛湖瀘嶺之勝，詩集團
曰瀘社。張伯常之妻亦能詩，有五旬自壽詩冊。
　　中午劉健羣在中山堂光復廳宴立法委員，到□□
人，定二月廿四日集會。余於宴畢到黨部，與虞克裕談
香港事。回錦姪處飯，飯後返六號，同任、李兩君赴馮
君處學麻將，余得和三數一付，將近一百番。

2月9日　雨，下午四時放晴

　　晨到黨部還借項，換港幣五百，半還京士、陳俊傑
在港借款，半託京士在港製衣。十時返六號，窗外大
雨，閱雷孝實詩，于右任、陳伯莊、沈尹默皆有題詩。
飯時天雨，廣東廚師余華不聽勸告離職，葉落、秀妹等
燒紅燒肉、清湯鱔魚等，比大師務菜耐吃。陸福廷先生
亦來飯，飯後來坐，余與笑譚一時許。睡起閱元曲選。
將出門，徐向行來告朱慕貞將與某幫辦結婚，某有妻及
四子，離婚手續未備，予持不可。返錦姪處量衣褲尺
寸，朱鍾祺來，請星期六飯連餛飩。到台糖公司還孝實

詩稿，未晤。到峨嵋街訪京士，值伊開會，留港紙、衣及尺寸，與張君步行回。六時半，莫葵卿約往長安東路四十六號寓中飯。昨夜錢中岳未吃到寓中飯，到余樓亦不言，秦啟文留伊餅干、香蕉、橘子，頗有稚氣，然亦矜持可喜。誤飯原因為為人奔走一偽造文憑被教育部發覺事，為人謀則忠，亦可取。

莫葵卿家之宴，候陸福廷不至，陳、王兩局長之外有錢永和。莫夫人吳興王氏，有三子三女，今夜有二子同桌，飲白蘭地一瓶，菜以陳海蜇、紅燒肉、燉雞、豌豆炒蝦仁為佳。飯後返六號，同秦啟文往探斗家打牌八圈完，坐車歸。天雨，車胎又壞，乃繼續至於天明，食麥糊、稀飯各一次。

2月10日　雨

晨，車不易即修復，雨中坐三輪車歸。即到中山堂參加立法院祕密譚話會，余發言謂各委員會有人負責，則議事便有精神。十二時返耀處飯，有百葉包。飯後睡，至適。天雨，閉門不出，得狄漢清女慧齡書，伊在岡山空軍子弟學校，信由校長收轉。夜，鐵路局有義務戲，莫葵老請往觀，秦啟文又送票二張與耀、錦，乃同李方華往。有下河東、辛安驛、鍘美案、罵殿、虹霓關諸劇，頗有大角派頭，已超過普通票房票戲。十二時返，睡頗安。痘翻漿，想起童時在崇德堂前木樨樹下種痘，羅志明攜漿童來傳漿，余與二弟祖臂倚黑大門，就日光曬乾，父大人購饅頭給余，如在目前。自後屢種，痘從未發過，此次再發，殊為有趣也。

2 月 11 日　雨

晨到黨部，羅志希來訪，譚印度承認人民政府經過及伊接引新疆撤退人員之艱苦。余曾有個人意思而不盡適合於職位之言，如祇求其人愛黨愛國得當以報，雖在北平、在莫斯科，亦不足深病。志希糾正余不應言，頗為得當。苗告寶引姬振魁來譚，余擬請其義務工作。十二時到耀錦，到上海貿易行飯，飯後寫對五付、中堂一幅，食餛飩乃回。夜，馮如玉招飲，盛設，飯後麻將十二圈。返寓，十二時，天雨，閱共黨祕聞，錄數則如下：

（一）四大派

元老派：朱德、周恩來、林伯渠、吳玉章、董必武、徐特立。

國際派：陳紹禹、秦邦憲、張聞天、王稼穡、李敏然（立三）。

親信派：劉少奇、任弼時、陳雲、李富春（財政部長）、康生、陸定一、陳伯達（宣副）、高崗、謝覺哉、譚政。

實力派：彭德懷、劉伯誠、賀龍、林彪、陳毅、蕭克、滕代遠、陳賡。

我是毛澤東的女祕書，蕭英說三種：

一、擁毛派：親信、實力、元老均有。

二、附毛派：朱德、周恩來、葉劍英。

三、反毛派：李立三、陳紹禹、張聞天。

　　　　　　林彪、陳毅是可疑人物。

又可以地域分，湖南派擁有黨政，四川派擁有軍權。

（二）第一次代表大會

　　民國十年二月，在上海法租界蒲柏路博文女校舉行第一次全國代表大會，出席代表三十二人，時楊明齊（字松白）已被派赴蘇。明齊山東人，為中國人第一人加入共黨者，自蘇俄歸上海，在上海漁陽里六號創辦外國語學社，陳獨秀便加入，至是產生中央組織。陳獨秀被選中央委員會委員長，李達為宣傳部長，張國燾為組織部長，其他如張太雷、劉仁靜、包慧僧、周佛海均為委員，高語罕、徐鴻名等均在內。後因內部發生磨擦，包、周二人脫黨，張太雷死於廣州暴動，張國燾遠在川北，李達恢復教授生涯，惟劉仁靜善變，由託派轉投陳真如名下參加閩變，不知所終。

（三）倒陳獨秀

　　民國十六年八月七日，毛澤東和瞿秋白設法弄掉陳獨秀之總書記職務（十六年五月在武漢舉行中共第五次代表大會，陳尚有統治之權）。十七年夏在莫斯科舉行六次代表大會，指陳獨秀為機會主義者，十八年開除黨籍，在開除之前還受過留黨察看之處分。陳於是時曾發表黨治意見書，內容包括七點：（一）中國的動亂應由第三國際負責；（二）民族資本主義發展到相當程度，為不可少的階段；（三）取消一切實際行動；（四）徹底研究理論；（五）取消紅軍蘇維埃，解治所有武裝；（六）取消游行示威及罷工，努力生產；（七）積極籌劃國民會議。響應簽字的有彭述之、高語罕、王獨清、張振亞等一百多人，共黨目為取消派。

　　取消派曾發一通電，要求第三國際恢復托洛斯基的黨籍，不報，乃組織中共反對派中央政府，陳獨秀為政治局主席團主席兼總書記，彭述之為宣傳部長兼主席團主席，高語罕為組織部長兼主席團主席，潘問友為北方及東北總指揮兼常委，蔡振德為江蘇省書記兼常委，劉仁靜為特務部長兼常委，王獨清為工農部長兼常委。

　　陳延年為陳長子，主持廣東，陳喬年為陳次子，主持平津。

　　民國二十一年冬，陳獨秀被捕，三十一年五月二十四日病歿江津，年六十四。

（四）國際派拖垮李立三

　　民國十九年，國際派演出一幕戲劇性的反立三路線之爭，陳紹禹（王明）、秦邦憲（博古）取而代之，李立三充軍到莫斯科之後，何孟雄首先發動「反新中央之爭」，羅章樹繼之獨創一格，但都被國際派用告密的手段解決掉。

（五）毛澤東之興起及其危機

　　毛澤東得勢之初，收服朱德，壓制彭德懷、黃公略，以 AB 團地罪名加之於地方派，國際派毀在他手裡，國燾路線亦被他鬥爭掉。現在在蘇俄學習了十五年（有人說二十年）的李立三經史太林推介，已回國以國際派領袖自居，任全國勞工總會主席，陳紹禹、張聞天都和他聯合一起，利用共產國際的大本營，企圖奪回領導權，實力派威權日大（東北高崗、華東饒漱石、中南

林彪、西南劉伯承都有國際背境），思想的繼承人劉少奇聲望太差，皆是毛的危機。

2月12日　晴　星期日

晨同秦啟文、錢中岳三六九肉麵，遇沈紀中，同往草山。一路觀山中白雲，遮一半釋一段，飄揚四散一些，極為好看。至停車場後步行至公園，杜鵑紅白血牙、玫瑰紫者，彌望皆是。櫻花已開者兩三株，疏枝著毛，有如早梅。青苔濃處似罽毯，作鴨頭綠，在瀑布前有半枯株一枝掛黃葉，殊有古趣。余欲入煤別墅，葉管理員不在，乃下。見掃地女工籃裙白上裝，在綠蔭清水間，頗為美觀。出公園，遇蔣經國、□□□。自停車場經第一、第二展望亭、頂北投，至八勝園招待所，遇莫葵卿一家。十二時半乃回，在耀錦處飯，回六號。睡起，中岳邀余參觀中山堂古畫展覽會，殊少真跡。在朱君處得到劉象山書。在大街購字典法帖，乃回耀處同張伯雍、楊寶乾、朱鍾祺、吳翊麟等酒飯，甚適。

2月13日　晴

晨食湯年糕，九時中央黨部紀念周，羅家倫報告印度承認偽政權、西藏問題、新疆撤退人員之招待三事，歷一時半，中誠中述實，頗感動人，葉寔之交余總裁賞年節金，任立法委員之後即已免賜，此番再給，殆為損失過多。飯後許靜芝、胡立吳到六號坐譚。三時監委員財務稽核審查會，虞克裕自香港回，有報告，報告時頻以手擊桌，不大客氣。散會已五時半，飯後即歸閱報。

本日自農民銀行寄香港發電上海，炳弟云學進業精，家和人壽，敬以為祝，希於陰曆正月初五日到達上海，不知會生意外否。夜為菲律濱華僑寫字，墨濃桌矮，了無佳趣，字亦欠佳，最後王世貞、王世懋兩頁尚好。

2月14日　雨

晨到黨部後，即出席立法委員談話會，為整肅問題，余主組檢查委員會，檢查反動及一會期不出席者。十二時同王世憲到新生南路一段九十七巷十一號劉我英寓所飯，為軍人新生社菜，味可，張道藩及閩籍立法委員張貞等同席。屋原為董顯光產，以六千餘美金讓與蔣夫人領導之婦女會，夫人每星期到此靜修。飯後回，余出席中央委員譚話會，談黨紀問題，余曾發言。回耀處飯，飯後就馮寓鬥牌，天雨如注。

2月15日　雨

晨中監會常會，二十分鐘而畢。到秦亦文寓，與馮治安談，又入介壽堂亦文辦公室略談。訪冉鵬、王飛、王洸及胡立吳。本日為二弟子畏生日，錦姪女治麵，請胡立吳來吃。飯後回六號休息，閱各種雜誌，暢流亦出版，余所書封面尚靈活。昨晨吟詩四首，茲錄之：

枕上四首

雞聲遙遍鬥雄清，催促紗窗逐漸明，
帳裡人猶貪憒懂，一身已共此心橫。
白頭樹上慣來鳴，只會鉤輈一兩聲，

呆鳥清音亦自在，何須婉轉學黃鶯。

遠處似聞雙鷓鴣，料他啼得到姑蘇，

簷前滴盡台灣雨，愁殺江南米也無。

號角吹開精白心，男兒志決事澄清，

願拋被底餘溫戀，復國群前趕一程。

　　四時半出門，在鐵路局前得附錢探斗車到信義三段建國南路 168 巷台糖宿舍十四號雷寶華家飯，伊夫人陳，南翔人，大姨在寓協助。同席冉寅谷、胡博淵、李□□、寶華子及媳及孫女，以走油肉為佳，炸蝦亦佳。飯時孝實撳笛，其夫人唱曲，余亦幫腔一回。

2月16日　雨

　　晨三六九吃陽春麵，到黨部略處分，即到女子中學禮堂觀顧希平君主持之書畫古物展覽會。畫以黃公望八十歲以後所作山林為最，倪雲林有三幅無精神。字以蘇軾書懷素自敘之釋文，渾厚柔密，懷素書小字千字文為六十年以後作，又狂草一卷。跋以趙孟頫保母院碑跋，文徵明、何紹基懷僧千字文跋，又以何書以不經意方式出之，最為名貴，此外管道昇、張伯雨、柯丹丘、文與可之件皆佳。余遇洪鈞培，引導甚殷。中午返耀處飯，昨晚集耀處飯者文守仁、胡立吳、成惕軒、金生嚴、陳昆懷、季通、朱學參、唐夢華等，頗為盡歡。午後臥，臥起寫除夕自訟。五時出，到和平西路韓同家（伊夫人邵志傑，常熟人），伊發願為確保台灣叩十萬大頭，每日叩三百頭，每五十頭需三十分鐘，一小休。同至伊兄韓燾寓飯，有徐爾偈、詹衡舉（字壯飛）及止

石之孫忠誥及韓熹之婿錢維襄。雨中歸寓，在樓上寫字。同是燈光，余在明亮處，姊弟妻子在不明亮處，一朝不幸，會合無期，試觀三十年俄毛協定，如何受得，確不可指阿鑑癡也。

2月17日　陰曆正月一日　晴

晨方黎明，即與秦啟文隔床互道恭禧。起身後錢中岳首來拜年，送來粽子、年糕，余方食，顏、沈二君來拜年。余同中岳至建國北路張默君處拜年，得板橋詩苑別集一冊，默君正在新春發筆。出，到文守仁寓，見潘子熙、姚愛玲，其對門即為立吳寓。余方與立吳談，中岳滑失仆地，泥汗西裝褲滿。歸耀處飯，飯後同中岳游龍山寺，觀音等像燒香者眾，惟文昌像香火冷落。歸寓，陳以令、虞克裕、胡希汾來拜年。出，到探斗處，見錢石年丈其於五十年前所繪列代影神冊頁。伯瑜、敏肅兩代巡撫，伯瑜三娶用直陳氏三姊妹，敏肅娶陸增祥胞妹，賢而早卒，今日皆得瞻遺象。冊頁每象佔半幅，前有象之說明，有紅錦一幅可插尺頁，設計亦極細緻。在彼打牌十二卷，食飯以鹹鱸魚及紅燒肉為最。十一時返寓，得三輪車兩輛，亦極快速。吳保容夫婦、姬振魁、戴楚良、王道之、徐炎之、張善薌、吳愷玄來拜年，皆未遇。本日天氣較寒。

香港新聞曾載有西洋三部淫書目：

1. Frank Harris: *My life and my love*
2. *Lady Chaterly's Lover*
3. *Lady Vanihill's Memlover*

2月18日　雨

　　晨到黨部略坐，兼生等始來。同白上之到吳鐵城、朱家驊家拜年，均未見。張真夫（鎮）肝病卒，同上之、壽賢往拜，鄭彥棻適，四人序班行禮，未經約定而能然，真夫對黨忠實之報歟。距伊妻之逝一月有半，二孤女、一孤子謂母柩尚在極樂殯儀館，慘哉、慘哉。余與白上之謁朱一民，談丁超五、劉通已附逆，又訪蔡培火，晤其妻女。訪劉明朝，晤其妻女及婿。訪盧埶競，遇柳克述，盧與其夫均不在。回耀處，飯後到六號，楊君煮清燉鰻極佳，余食之，飲酒兩杯，睡。睡起朱鍾祺、舒尚仁、□□□、蔡培火夫婦、韓同夫婦皆來坐，李達三、郎醒石夫人、趙耀東、趙耀中、莫衡、王向南、唐夢華均來拜，未晤。夜為明日係太鎮高等小學教員楊漱霞師七十壽寫一壽字，並吟成壽詩一首：

縣校多遷變，文峰聳最高，
風流徵壽相，栽植挺兒曹；
不許音樽祝，云當離亂交，
還期登耄耋，他日侍遊遨。

2月19日　陰，間有飄雨

　　晨到楊寶健寓，適伊出購小菜，未遇，留詩即出。到浦城街白上之家食粥，出拜鄒海濱、錢慕尹、李君佩、居覺生。錢君客座懸吳越王寶錢，坫錢杜、錢維城字畫及阮元祝錢太君生辰聯，頗為有趣，伊所書篆字及所臨梅花亦有意。李君佩先生寓以美國染色帳紗為窗

簾，頗美觀。晤鄧亞魂，向伊索印泥，蒙贈西泠印泥一兩。出訪張岳軍、黃國書，均未遇。訪蔣經國、張九如，王德箴方坐小月未起，小產已四十日矣。訪林慎，張邦珍、羅衡均住，見一樹根內安火爐。昨在蔡培火家見象牙鞋拔，狀似如意。飯時歸，飯後在西寧臥，臥起陸孝武、許以仁、李向采、孫秀武來談，李、孫同往聽崑曲同期，以見娘為最緊湊。回耀處飯，戴恩沚同飯，唐夢華飯後來譚家鄉情形。何仲簫（魯存）、陳伯稼、仲經、薛佩琦、顧儉德、陸佑湘均來賀年，未遇。夜，何芝園夫婦來談雲光家遭清算，雲光弟被殺，王學素被查究各節。

2 月 20 日　陰雨

九時程天放紀念周作報告，述世界兩大陣容，美國設想臺灣決不能守，毛澤東會成狄托，中國決不會共產三點，三點落空，必將援華。散會，坐辦公室，邵健工索每週用一小午車，上之不欲允，余處兩難。

余寫輓張真夫聯：

渾厚人不知，豈祇廉能服多士；
淒涼歲之首，忍看怙恃失諸孤。

到中山堂三樓觀鄭曼青、洪陸東書畫展，曼青花卉以雙鈎蘭花及水仙為佳，陸東書一個面目，不甚引人入勝。回耀錦處飯，飯後徐爾禧、黃壽峻來，得晤，黃國書來，未晤。折柬邀廿一日晚夜飯，以余又蓀先來約，

未允。閱歲終之香港工商日報。夜八時，蔣夫人招飲，余與馬星樵坐，夫人有自做菓子醬及洪蘭友夫人所贈揚州薄餅，食西瓜，談一回乃別。李德鄰覆非常會員，無返國意。在士林劉大悲家小坐，在門前失落新鞋一隻。

2月21日　晴

陰曆正月初五日，胞弟書三五十生辰。晨赴黨部，借與上官俅同志美金五十元，伊眷已到香港，將來台北。十時張貞夫開弔，余往拜先生。浦逖生家謁王亮疇先生，昨方自香港到基隆，有人指為時局寒暑表，王先生肯來，局勢轉佳矣。回耀錦處麵，燃五隻燭鞠躬以慶弟五十，再過三年錫弟五十，余五十九歲。飯後臥，閱報。三時中央委員談話會，群主總統再視事，余亦發言謂宜即日復職，更動行政院長不能再遲，散會。在胡開文購得港筆七紫三羊毫三枝。到顧儉德家，伊女兒五足歲生日，吃滷子麵。路遇孔凡均夫婦及孫伯修弟。到雲和街余又蓀寓，伊子今日生日，備酒兩桌，傅孟真夫婦、鄭通和夫婦、陳雪屏、羅志希皆在，餘為台大教授。余遇成都周牙科醫師介紹朱光潤牙醫，又有曾女牙醫，謂又蓀正追求之，彼此都有些矜持，有些意思。十時返，錢中岳來譚。

得香港寶生銀號孟尚錦書，知患中風在成都之馬群超先生於一月十八日逝世，成都戰後幸獲平安，喪事賴友好幫成，亦可憐之極。

2 月 22 日　雨

　　晨到黨部閱史記前之諡法，抽象名詞發達得如是其早而普遍，真是文明故國。十一時返寓，十二時已飯畢，下午臥。往武昌街李志伊處送俞鴻鈞為伊子李家祜謀復職覆書，求之者擁擠，僅登記而已。李志伊所住為十餘蓆之市房，雖能日語而知者寥寥，牌子不敢掛出，怕診金未收到，先添派到愛國公債。伊亦自重慶來台，雖損失較少而父子失業，亦極可虞，妻亦老疲，連北投、草山未曾去過。

　　余閱旅行雜誌記細微事數則：

一、自英渡法：一、自倫敦乘火車直下英國南部之 New Heavy，轉乘輪船橫渡英倫海峽到法國之 Dieppe 上車至巴黎，海程六十六里，航行四小時，較諸由多維海峽的多維橫過法國的 Calais（海程二十五里）需時為久，但在英法兩面乘火車的時間則縮短，全程為九小時（坐船需購定座卷，對號入座）。

二、太華佳處：毛女洞險而幽靜，南峰看日出，西峰看日落，北峰看雲海，青柯坪看瀑布，大上方最險，需攀鐵鍊，自莎羅坪可望，中峰聽松濤最美。

三、SCRIP：美軍在日本所發允准調換日元之憑證。

四、美金一元等於日元三百六十元，黑市在五百左右（三十八年九月廿二日）。

五、自南疆喀什南行出國之路線有二：一係由英吉沙經蒲犁，至巴基斯坦之吉爾吉特 Gilgit，路較險峻而較短，水草不缺；二係由莎車、葉城而至印度之拉大克（列城），路較平較長，水草缺乏。

夜，居夫人召飲，其幼女亦盡兩盃。出宿肴，食之頗好，為余特備之魚頭無豆腐且味腥，劉副官抱病故也。

2月23日　陰雨

晨立法院祕密談話會，議房屋費三千元如何退還，自分發後要求者多無以善後，指摘者眾，內不自安，但以之尋房則還嫌不敷，已使用者亦不能立時償還，服務會議先分期繳還一千五百元，餘半數俟行政院撥房後再還。下午常會，自三時開至七時始散，議決：（一）請總統立即復職；（二）請李德鄰於病愈後回國輔政。散會後到狀元樓食河鰻。歸寓，就馮宅打牌四圈，洗浴後即臥。得三弟二月八日書。

2月24日　晴，微有飄雨

立法院第五會期開會，晨簽名籲請總統復職，下午討論各委員組織。余五時出，同張明、徐鍾珮喜臨門咖啡。晨曾同寶子進三六九麵，藉以遣悶而已，又自中華書局購得李白研究閱之。歸錦姪處譚家常，張伯雍、洪亦淵於飯時來譚，謂崑山衛炳章老先生已故，序初家食豆餅為活，聞之不勝慘然。夜，錢中岳來。痘痂落。

余漫不經意，失落物件以為常，晨起常尋褲帶，袁守謙（企止）作油詩嘲余云：

難得風流名士風，手巾丟盡扇無蹤，
昨宵褲帶留何處，尋遍巫山十二峰。

李宗黃在昆明曾懸「中央委員第」於門首，鄭彥棻氣魄太小，張醫師面指鄭為小兒科，倪文亞、袁守謙作聯云：

氣魄無如中委第，花頭出自小兒科。

2月25日　晴

晨到黨部小坐，同白上之、李永新同到立法院出席譚話會，決先還一千五百元，再商監察院。監院主全部還，明日將再開譚話會商議。飯後臥，秦啟文出中山陳復初中印紀行詩集及日人從本勝己所書千字文解悶。二時許，同任惠曾坐車到士林園藝試驗場觀蘭花，在培養室見人工交接後之蘭果，需歷八個月而成熟，則為粉末，以粉末入培養機，歷十月始有綠芽，培綠芽一年餘始裝小盆，自小盆換大盆至第八年始花，比成人更覺不易。劉大悲供余蜜橘，余尋得石油公司為余寶藏之鞋一隻，乃歸。毛震球來譚，伊在林田士管理處任機器電機之工程司，談伐木種種，勸余往游。出，遇北京大學同學宜興徐棪（字樸人），係任惠曾之表兄。五時參加湯管婚禮，食大菜不飽，又拉文守仁吃擔擔麵、滷子麵，味亦不佳。回寓，戴問梅來囑作陳雪屏介紹信，錢中岳來浴。

2月26日　星期　晨飄風，中午雨，下午陰

晨食粥兩碗，到中山堂出席立法委員祕密譚話會，群主全數歸還房貼三千元，與監察院看齊，一鬨而散。

到曾彥寓，有來自澳門之立委黃元彬為推銷人民勝利折實公債之論文，謂係港澳商人投資的一條安全有利的出路，顯屬反動。十一時半，余至會賓樓應江蘇立委公宴，旨在餞別張道行。余未及多待，祇見到牛踐初、王子蘭、徐銓（仲衡、希平妹婿）三人，即到雲和街應朱鍾祺為王學穀請余及沈階升之午飯，張君自治菜極佳。飯畢余回會賓樓，諸人已散。遇韓壽、韓同，壽自冶初且來西寧訪余。余聞稚暉先生今日八十六歲生日，至則方閱一英文詩，美國人所作，題為「為何放棄中國」。余與譚甚久，伊頗感嘆子女無嗣，此為老人平日決不題之話。又謂石曾師赴巴西，繞道澳洲，須經行兩月有半，並且不為巴西歡迎，伊決不往外國。伊近作中國字楷片，每字列書自篆、隸至楷書，謂可使外人認識中國文明。又欲將中國有名人物選十個作通俗課本，使外人了解中國情形，熟悉中國精神，故有人出洋任七等事亦不必反對。五時出，索得印泥一盒。到女中應江學球夜膳，有八寶鴨及豆腐肉可口，餘為台灣菜。席散，余同許靜芝夫婦至于家，于妻李芳華姊亦晤見。自于家歸，大便得暢，頭暈得解。

2月27日　晴

晨黨部紀念周，葉公超報告國際共產黨侵入東南亞情形。十時赴立法院討論整肅，余主依法祇查附逆、一會期無故不出席及立法委員兼任官職三項。十一時返寓，錦姪煮海參肉絲，飯後閱報。三時訪雷孝實，四時出席中國農民銀行董事會，余發言在美設機構，在台有

農業業務及聯絡農行人才各節。晤徐柎、黃惜寸、李子寬、錢天鶴等。夜晚後在馮宅打八圈，余負。

2 月 28 日　晴

晨立法院會議質詢張知本部長，余指檢察官失入，且對此種不起訴處分應籌糾正補救。鄧鴻業以余未攻詰張，遽呼余離題太遠，余詞未終，不願繼續，下台，眾謂應不管他儘管說。余所主張較為積極性，注重於司法上之不起訴如何救濟，而持痛快論者即不願聽。在控懍之空氣下，何能暢所欲言。十二時赴吳稚暉先生寓投片，飯後至黨部。二時在台北賓館應總裁所召集之復職前譚話會，兼詢伊復職有無於國家不利之點。余發言謂注重行憲體系，充實各個機構，注重來台人士之生活及工作，早日反攻，則在萬人想好之狀態下得總裁領導，定能中興。總統允明日復職，大眾拍手而散。三時半中央委員譚話會，何應欽宣布消息後，因有防空演習，即散。鄧文儀送余歸寓。在警報聲中，余同任憙曾、徐樸人、楊錫康等譚話，食台灣風乾豬肝。夜飯在西寧北路，余出白蘭地，同楊君所煮鰻魚食之，又有清蒸水魚，酒少菜適口，頗有意思。飯後就馮家打牌八圈，中間因夜襲豫演，暫行黑坐三十分鐘。

剪報

立法院昨晨會議，於九時半開始，當時出席委員一六九人，超過法定開會人數。司法行政部長張知本【長】袍馬掛登臺坐於臺上右側，為眾目之焦點。祕書

處宣讀第一次會議錄及本次會議報告事項後，質詢開
始，首先開砲者為狄膺委員。狄氏指責楊玉清案之不起
訴處分書，檢察官採證不當，不應採楊平時著作有利之
點，置犯罪所生的危險損失不顧。言猶未了，臺下有人
大聲制止狄氏發言，一時情緒頗形緊張。狄氏忽忽繼續
數句之後，即拂袖下臺。狄委員發言要點有四：

（一）楊玉清內亂罪不起訴處分書採證不當，不應採取
　　　楊玉清平時著作有利之點，置犯罪所生之危險
　　　損失於不顧。

（二）楊玉清供對孫文主義革命同盟政治綱領，既云
　　　沒有詳細觀看，又云對該政綱曾發言反對，顯
　　　係矛盾。

（三）該政綱妄冀顛覆政府，有武裝暴動等項，楊玉清
　　　既參加孫盟在院部內外活動，又有不穩表示，
　　　檢察官漏未偵查，亦屬不合。

（四）前項不起訴處分書因無告訴人以書狀敘述不服，
　　　更無人代表國家立場聲請再議，歷年來各法庭
　　　所為之不起訴處分，對漢奸及叛逆多所放縱，
　　　實可痛心，必須有糾正及救濟方法。

3月1日　盛晴，入夜微雨

　　晨至黨部，大眾歡奮。九時至立法院領款，開始還月前所領房租金三千元。十時在介壽堂前候總統登堂前平臺接受人民歡呼，未幾出堂上車，頻頻向民眾揮帽招呼。余入內簽名後，即返錦寓吃炸魚，下午購日本紅瓷碟一，以配上次所得東陶紅盃，以為慶祝總統復職紀念。同任熹曾到上牌頭監察院，得朱繩先泰順街十六巷之十八號住址，按址尋覓，須於二巷渡小木橋，然後得之。繩先方出，與其夫人談伊自杭經滬來台各況，伊先赴海鹽出售田產，惟祖宅因朱鳳彙反對，伊亦顧念家堂無處安放，未售成，尚餘田七十餘畝未售出。在台以所售得之金，權子母以佐日用，尚覺寬泰。伊有孫男女八，出示照片，有孿生者一對，一睡一醒，極好玩。伊蓄雄雞一、雌雞六，雌雞每日有蛋，食之不盡。又有太史公雞一，殆是奄過的雞，云將待余就伊寓飯，然後宰之。伊談邵力之之娶傅學文，門戶出不相當，其實還不如青鳳。青鳳者，力之妾，有阿芙蓉癖，略有堂子派，但思想則決不惡化。至是邵長子死於意大利，次子遂初以父蔭得官，所娶亦不高，似為燕子窠中女。又談張菊生是伊表兄，老而不死，今亦從逆。張雖翰苑清流，而實足商人頭惱，某次往蘇州收書，遇一舊家老嫗指後房有書，張往視，皆宋元板也，略付錢，綑載以歸，欣欣然舉以告繩先夫人，而未嘗與老嫗說明，自是繩先夫人遂鄙之，未嘗與語。五時繩先歸，坐書房與余譚，同寓蔡自聲亦來譚，自聲亦監察委員。辭出，過小橋至泰順街八號孔凡均寓，伊夫婦不在，撫其在女傭抱中之子，

怕生而哭。至鄭鎔家略坐，伊子鄭澈送余至湖蕩前雇三
輪車，湖即朱繩先房前之湖也。余至南京西路榮元應張
伯雍招晤徐君昌年，徐小姐同飲白蘭地、威士忌兩瓶
半，菜亦清脫可口，台灣下女所製而有上海作風。回時
取紙二張、威士忌兩瓶，乃返。赴錢探斗寓八圈，歸浴
睡，至酣適。

在監察院曾晤許師慎，在榮元遇如皐季九餘君，談
李延卿引余在南京國立音樂專修學校所晤之方小姐，嫻
靜大方，名翠兒。

3月2日　晴

晨到黨部，九時至立法院討論各委員會之組織。午
飯後略睡，四時應總統茶會，民、青兩黨及國民大會代
表、立委、監委濟濟一堂。余晤吳國楨及陳啟天、林佛
性、鄭曼青等，總統偕夫人俱至，總統到各茶桌樓上
下打招呼後演說。散會，余引徐鍾珮到寓談話，伊述
Madame 與 Mrs 之稱呼，蔣夫人愛後者及公館盛傳 Her
Majesity 之故事。余今日曾語黃仁霖云：夫人之舉動可
省則省，又夫人領導工作宜作為參加一分子而已，不能
使參加者常覺受命令而為之，有機會時余擬言之。夜飯
後在任愚曾處得黑絲絨一件，擬贈孫秀武。夜得狄君
毅書。

吳保容夫婦來譚，自重慶經成都、海口，旅中所費
已自交通部領回，極快。

3 月 3 日　晴　陰曆元宵，夜月明亮

晨至黨部，路上軍民學生隊伍頗多，本日為台灣省會各界慶祝領導反共抗俄大會，集於介壽堂前廣場者數萬人。余擠在人叢中觀眺一回，秩序尚佳。九時半赴立法院會，閻錫山院部人員全出席，閻作施政報告。余聽畢即到街上觀慶祝行列，飾毛澤東者貓其頭，頗堪發笑。中午在錦姪處餛飩，皮子雖厚，湯至鮮，比往日為成功。返西寧睡，三時許入院場聽各人質詢，詢到癢處者不多。五時入鐵路局，與顏君及莫局長及吳愷玄談。六時到探斗家食元宵，有炸者、湯者兩種，皆甜品。食前後打牌四圈，秦啟文、王世勛均極有趣。坐三輪車歸，明月入懷，微風動裾。上樓後食麵，乃睡。今午念家，作致綴英書及穎姊諸弟書，託香港孟尚錦君轉，兩信均寫得極簡，不知何時得回音也。

錢石年老伯工刻印，今日取其三印模剪貼余之日記，以為紀念。

3 月 4 日　晴

晨赴立院整肅小組會，略陳意見，即到黨部。姚容軒、于作生均來坐，鄭味經來招晚餐，余以中午往。伊房南向，風自相思樹中吹來，坐窗檻至適。伊夫人治菜極多，以油悶筍、炸黃魚為佳，食餛飩，以醬油湯者為佳，雞湯者反混而不鮮。飯後回寓睡，三時半白上之來

譚，同入台北賓館應總裁茶點會。行政院長將提陳誠，
總裁慮立法院或不予通過，頗有一年來行政院不健全，
立法院應負一半責任之感。余發言，述一年來糊裡糊
塗，失南京、失西北，孫閣之倒由於外力，閻閣八月，
立法院不但未予牽制，且曾授權，但其無力做通如故。
此次提辭修，宜分別疏通以求同意，設不能通過，只得
另提別法，尊重憲法比尊重一人之可為行政院長者更為
重要。總裁於余末段之話說明云非此之謂也，乃指假投
票，假投票云云，蓋擬議之詞。谷正鼎為總裁言之，黃
少谷起說明云，今午得立法委員約七十人之簽名信，云
提出立法院同意行政院長之前，宜倣南京故事。總統先
向黨員之為立法委員者說明，最後議組織立法院黨團及
取消小組織等。余意以為兩難，蓋政黨議會之黨團實為
一級決策或同一級決策之組合，若由常會推人指導，不
見得立法委員樂於接受。至小組織，院內外均有人為
之，口頭說無，事實仍有，余惟求其有公心耳。散會
前，總裁有趣語諸人云：「宰相肚裡好撐船，立監諸公
為皇帝，皇帝肚裡亦望能撐船」。散會後，余請求勿再
炸淪陷都市之電力廠，水火之缺給人痛苦已深，設因而
疾疫，不堪設想。出乘張懷九先生車，至顏肇省家館，
同座有錢宗澤、樊祥孫等，錢君談衛生在節食，而顏君
八客備二十人吃不完之菜，敬客過豐，於衛生、於節約
皆不合也。飯畢，余尋黃筱堂、李志伊來鐵路局禮堂聽
戲，余晤王導之、浦夫人、莫局長，戲以寇準之清官冊
海派戲為較佳。十時四十分散戲，戲場桌帷前繡飛輪，
余請用路局徽 ⚙ 為飾，今日已改換，但帷幔台灣鐵路

管理局七字還在，余主不用此七字，多用路局徽似較雅
也。莫局長又言交通部長已採納予言徵集交通人才，余
又主張部長不得兼招商局總辦，未蒙陳良採納。今午招
商局董監在西寧北路六號開會，陳慶瑜、王洸曾入余臥
室譚話，陳君云高春如夫婦已到長沙。

　　袁永錫、席裕璜來拜，錦姪來，均未晤。

3月5日　晴　星期

　　晨錢自誠來譚，知伊兄貴誠重慶淪陷時衣裳全失，
伊現在台中空軍器材廠任事，方造火彈以防敵人木船進
攻。出，同自誠三六九麵，同至松江路，余贈戲券與潘
志熙夫婦、文君、朱大姐。又到中央黨部宿舍晤林成
根、李自強等，又到立吳處送伊日戲票。歸西寧路，又
得票，往贈吳保容夫婦票。出，在舊曾購硯處購得石章
一長方。到顧祝同家自助餐，同鄉立委共兩桌，顧君有
演說，余答之。出，束雲章車送到浦逖生家，崑曲同期
今日到者有鄭曼青、趙琛、覃勤等。余回路局禮堂觀拾
玉鐲、法門寺。回寓休息，耀、錦來飲。飯後同往觀
劇，以狀元譜、轅門斬子之六郎及秦慧芬之春秋配為
佳，散戲已十一時。戲場遇鍾槐村老人。

3月6日　晴

　　晨中山堂聯合紀念周，總裁訓詞真懇有餘，內容及
說話技術不足。散後余回錦姪處換衣，答拜葛之覃，遇
於門，引余到趙韻逸寓，進飯一盂，有蔥炒雞蛋及粉
皮燒魚。十二時陳立夫、陳辭修招宴西餐，余飲酒十

盃。張清源同遊總督府花園，甚贊余昨日措詞婉約，諷
陳得當，張道藩昨亦如是說，余在前輩前愧未能暢所欲
言也。餐半，余主產生行政院長請勿欲速，任行政院之
後請勿存三、四月即辭謝之心理。出，到立法院，法制
委員會改期，余回隊。四時再往立法院應總裁茶會，發
言者十餘人，皆擁護陳誠，持反對說者不發一詞，並非
無反對者也。散會，李伯英來坐，約余作曲編新劇本，
余試謂李宗仁逃美，絕好崑曲材料也。六時三十分，常
會准閻錫山辭，以陳誠繼，不發表，以書面通知黨員。
余仍主勿急急，總裁則殊急急。夜飯後歸，在秦啟文房
與李炳瑗、盛鑌、錢中岳譚控制銀錢及砥礪廉隅之道。
夜十時，沙頭在海口學習憲兵吳瑞生、蔡培元來告，幫
贈每人二十元，留二人麵，明日赴台中憲兵第十八團報
到，云陰十二月廿八日上益利輪，正月初一開船，十五
日到基隆，十六日到台北，船上幾瀕於危，忍飢已三
日矣。

3月7日　晴，夜雨

　　晨同朱佩蘭三六九食麵，麵畢遇毛同文率女何欽翎
到美國領事館簽證，欽翎已得小翠設法，亦可赴美國讀
書矣。入立法院，九時二十分即開議。關於二讀後得重
付審查，余上台作主張，余意先決案之可成立與否交審
查，審查畢，除條文外須提出原則上之問題，請大會論
定，然後開始二讀，逐條討論，討論之不可作結束時，
可再付審查法案一部分或其全體，則較易進行。中午回
耀甥處飯，午後又開會議對日和約及僑務委員會案，和

約齊世英，余亦副署，此純為答日本民眾悔過而表以中
國以德報怨之精神，既能抗戰，則亦能言和，且祇是準
備和約與美國取一致，非單獨言和。有人主張保留者為
張慶楨、張靜愚，亦有見地。五時在博愛路訪陳伯稼，
同步植物園一回，談伊父於光緒丙子為林本源板橋花園
題榜，至今尚在，當日社會上重視文人，伊父送硃卷一
本，林贈銀五百兩云。又談及岳佩蘭未隨盧毓駿來台，
盧有但耘園，伯稼為之記。別後，余到何芝園家，伊夫
人毛同文將赴香港。余寄女楚揚在美已受洗禮，余得照
片兩紙。飯時同姜次烈，飯後同王君、毛太太打老法麻
將，至天明乃歸。本日陳立夫、辭修兩次分在台北賓館
及介壽堂招待立委，余未往。

3月8日　晴

　　晨自漳州街步行歸，足暖而神不疲。到西寧北路，
久叩門始應。章鶴年來談。余至黨部負責同志例會，祇
到鄭、谷與余。余與正鼎兄立談前日所云假投票，是伊
言之於總裁，有吳鐵城、朱騮先皆粉飾總裁前，云立
院對辭修無問題。正鼎因舉甚且有假投票之議，總裁則
大怒云。歸錦姪寓，煮韭芽千張、番茄蛋及粉皮湯，余
食之良快。飯後又略臥，三時到立法院投同意票，開全
院審查會時，改以劉文島為主席，武誓彭、張道藩略發
言。投票後，余歸閱劉振鎧「奮進中之嵊泗列島」。夜
飯仍至錦寓，知同意票 306，不同意票 70，廢票 7，棄
權 5。夜睡至酣。

3月9日　晴

晨坐車往何芝園寓還絨繩衫，交其女欽翎。到中央黨部，九時常會，顧祝同報告敵軍攻瓊州儋縣超頭市，吾軍迎敵得捷，有敗殘兵數百逃入五指山。魯蕩平、齊鐵生提出李德鄰在外國發表譚話問題，鈕惕生先生謂近已無所表示，不如罷休。鈕先生述與白崇禧商電李請歸，如不歸則默，請得美援則交國庫，經過甚詳。十二時歸耀寓飯，下午臥，臥起寫件。徐炎之來譚。余到峨帽街尋陸京士辦事處，已遷南陽街十八號。訪李志伊，知敵人廣播十五日攻炸台灣，李君頗以轟炸後無人請診為慮。夜飯後回寓，閱醉白裘胡適之先生序文及雜劇。王慕瑾女士來譚，瑾南人，在中央信託局任事，前日偕孫俊來訪余。本日招待所中發現一風流案，男僮葉落與下女秀妹通，秀妹有身而葉頗厭之，晨間泣吵事發。葉又與陳伯莊家下女姦，亦有身，葉落將落差，少年人不知檢點如是。海南至北海間之潿洲島，敵我激戰。

3月10日　陰，夜雨

晨及下午立法院會均討論嚴肅本院紀律案，有持論太狹太褊者。上午返錦處飯，下午應仁愛路二段卅一號羅萬俥招，乃燕翅盛席，同席皆立法委員。赴羅宴時入萬象，購得青田印章一方。余至南陽街十八號三樓訪陸京士，尚未返，張曉岩不在，其鄰居為貨運辦公室。余尋朱育參，同伊步行到凱歌歸中央黨部，得姚味辛寄詩八首。前日所失之長衫已有人放在抽屜中，不知伊誰送來也。夜，曾與秦、陸約赴錢探斗寓消遣，秦先生坐

車來羅萬俥寓尋余，門牌不符乃折歸。行雨中，衣服濕
透。秦復同余往鐵路局禮堂觀話劇苦，果往，等往已第
三幕，倪硯卿正逼趙笙齋妻，一句一刺，余不能忍受，
乃不終幕而歸。得香港孟尚錦書，港紙匯滬每百元在滬
兌人民卷五十九萬三千元，電報費港幣八元，匯水免
收，美鈔每元合港幣 6.45，大頭每元合 3.10，黃金每兩
（老秤）合 304.00。

3月11日　晴

　　晨至黨部，知送還余藍布大衫者乃胡立吳，余於上
禮拜日到伊處贈戲票，脫下長衫，隨即忘之。九時半白
上之來，余至羅斯福路三段九巷一號訪金葆光，伊夫
人病失眠，伊則尚安。十一時辭出，到徐向行處，伊
得翥青丈信，知兆魁一家均得就，在滬鄉下，僅食白
米，魚、肉聯月不得食，又悉朱慕貞已結婚。歸飯，下
午朱、王兩君來坐。開立法院黨團籌備會，余貢意見
五點：（一）不必有團員之名，令其參加黨團已足；
（二）應視黨團為同一位，實行三民主義及黨綱，應使
此一黨團自發來做；（三）勿科責以小事；（四）黨團
幹事應自立法委員中推任，勿以中央人員兼領；（五）
黨團是化錢之事，如機關、如交際、如圖書、如提案
局，宜放手用錢，不可手面太小。四時常會，總裁主
席，通過以張厲生為行政院副院長，隨開非常委員會，
余等退席，通過部長全部更換，頗出冷門。歸耀寓飯，
到錢探斗家打八圈，遇廖楠才夫婦。

3月12日　晴

昨睡至酣，晨起到顏家食肉粽。同錢中岳、沈計中行街，將赴北投，火車時間不合算，乃購加立克四罐，擬送錢石年丈以潤鐵筆。擬購黃皮鞋、紅端硯，皆講價而未就。訪張伯雍未得，到耀寓飯，飯後睡。睡起吳瑞生、蔡培元自台中回，食宿無著，又贈以零用。到中央日報賀新屋修成及周歲，到者極盛。四時參加俞松筠嫁女素雲與朱榮慶君，賀者極盛。余坐楊繼曾、袁永錫夫婦及胡明復女之間飲酒，積銀盃二十三隻，疊為一串，皆非臥薪嘗膽狀也。散會，及凌英貞食麵，使肚中稍暖，英貞到余寓略譚。傳京士又病，語出自袁其烱，或不確。錢錫元偕友秦君來贈食物。

昨在金葆光處知北大同學徐義衡之父徐元佐（字肇澄，號曜功）已於本年元月十七日卒於九龍，距生同治十三年，年七十七。妻現年七十九歲，住九龍金馬倫道四十二號四樓。曩在天生橋避空襲，此老與余在防空壕替說仙卷、唱小調為樂。

昨晨陳凌海來譚吳稚暉先生家庭狀況，師母袁年八十五，其妹馬太太袁冰祇六十三，子吳叔微年五十五，娶李小梅（李任潮女），無所出。叔微幼時有英女相戀，未成婚。女吳孟蓉，年六十二。叔微在美，最近總裁給旅費一萬元，師母及女在滬。吳師生日為三月廿五日。

3月13日　晴，風

晨黨部紀念周，居先生主席，劉健羣報告立法院工

作。散會後料理監察委員會事，姚大海、李永新主汽車輪日使用，而白上之上、下午皆要求接辦公，余雖盡量不坐車，仍感為難。余步行歸耀錦處飯，下午臥至不想起床。四時出理髮，有風，即返錦姪處添衣。夜飲陳辭修所贈酒，甜而膩，愛飲者所不喜也。歸招待所，同秦啟文坐三輪車到探斗家，贈石年丈以香煙、桂元。四人打牌，其另一新角為張春範，歸寓已十二時。吳保容夫婦來贈鋼盅鍋子，未晤。

3 月 14 日　晴

立法院會議討論院組織法及各委員組織，經表決，審查會之召集委員仍用抽籤方法，各委員提案不許先付委員會審查，仍逕行提出院會。蓋屬於策進院務之道，一件也通不過，有人云不許有優越感，夫越果不妥，優則何妨，蓋不以整個國家進步為念，而僅以防弊為先，於是不務正業之立法院且流於不思上進矣，余頗氣悶。下午仍院會，午前曾往探孫俊。六時到張懷九先生，伊前日七十，余今奉一石章為壽。居覺老夫婦、張逢生、姜次烈夫婦飲黃酒不少，議打牌未成。夜天熱，酒後頗不適。

3 月 15 日　晴

晨監會常會，有人擬質詢李德鄰。余發言寬之在前，嚴之在後非計，彈劾案、罷免案人數均不夠，如改法以遷就不順，逼之黨外，使另組黨或發生其他問題，不智。李實為左右所包圍，不肯再說請總統復職的話，

其所發談話不生影響，其所圖謀人亦不理，再過幾時，
爝火熄矣。其人實量不稱位，愚固可憐，就其所作所
為，實屬太不自愛，有如風化泥菩薩，自身已有頹然之
態，如黨加以處分，則如沃之以水，倒可必也。中執會
既不採取判別是非，而以團結為重，中監會不如靜以待
之。眾以為然，乃散。下午譚話會論改黨名，余同白上
之訪王子弦、李嗣聰，為請二人任黨務、財務二會主任
委員。出，同楊雲、苗啟平就公園中飲咖啡，毫無味
道。六時應陳辭修自助餐，遇人甚多而食不飽，唐國楨
又錚錚論何嘗靠而不攏，殊敗人意。回寓，廚司進余雞
雄泡飯、豬油大包，頗好吃。戴丹山一日三晤，莫葵卿
又來譚久之。秦啟文為暢流印刷誤，日督印刷廠使上
版，夜深而返。余略有寒熱，飲酒之故。

3月16日　晴

　　晨至黨部關照工作。到廣播公司晤吳道一商監會存
文券屋，並問林潤澤點查機械箱，馮葆共查核恆大帳，
適二人不在，乃歸立法院。思參加討論整肅案，是會在
下午，乃返西寧寫件。飯時錦姪購不知名之魚，清蒸之
腥，紅燒之亦腥，乃海魚也。下午臥，臥起談龍濱來述
其婦又小產，贈以肉鬆兩瓶。出，到張曉岩處，值伊往
臺中。四時到中央黨部參加歡迎自秦隴、新疆踰帕米爾
轉巴吉斯丹，行六月始到台灣者，韓克溫、馮大轟（立
委）及女巧冬、趙采晨（高等法院推事）、劉懷義（書
記官）、孫殿襄、關潔民（甘肅民國日報社長）、劉文
光（國稅督導）、牛建昌（國稅科員）、劉士達（憲兵

少校，哈蜜被槍）、沙意提（上校參議黨工人員）、妻
阿里同友女沙奴瓦爾、黃秉權、方立人、陳銓、李耀
先、張翼鵬、牟中基、賈秉禮、安兆祥、邱朝熙、劉士
烈、李郁華，中央負責同志均陪，于右任先生主席，發
揮心有所宗主則不恐，不恐則能成功之義。羅志希述在
駐英大使任內謀接濟之義。周昆田述西北失陷，責在馬
鴻逵、馬步芳。田崑山說今日非檢討西北淪陷責任，且
不可在飛機上觀察一短時間而遽下斷語，語侵昆田。昆
田說得太多，田又過火，張清源評為兩不知趣，周輕而
田重。次韓克溫述踰嶺經過，小孩縛馬背，最險則步
行，人已下山，馬隔三日始下，則三日不食，最艱難則
囓雪。述畢，有一新疆黨員懷念不能出者、不能來者及
已來而無工作者，最後有一新疆小孩跳舞乃散。余心中
以謂招待一次易，解決問題難也，招待以茶點，不如便
飯，費同而實惠。

　　周昆田與秦德純均赴西北，秦得機返，而周繞一大
圈。其論寧夏馬鴻逵擁兵不動，開門揖盜，罪一；要求
任甘肅省政府主席，既發表則不往，罪二。青海馬步芳
太個人作法，罪一；兵不撤靠新疆而本人往重慶，過
二。論新疆則云俄人編劇，張治中導演之，鮑爾漢等為
扮演角色，伊犁一班則敲鑼鼓者也。又云共產黨以軍事
勝利包蓋一切錯誤，是軍事勝利，我以老生常譚敵不過
宣傳攻勢，是精神失敗，語亦精警。

　　夜同莫葵卿作笑譚，赴錢探斗八圈，三贏一輸，輸
者為王世勛夫人，余邀之再三，舊在七公里曾打過。

　　今日洪蘭友生日，余怕飲酒，不敢往賀。

今日總統核定國防機構組織系統表及國防部職務互相關係對照表，其重要條文為：（三）國防部部長依法行使政權，負責控制軍事豫算，獲得人力物力，監督有效使用，充實國防力量；（四）參謀總長在統帥系統上為總統之幕僚長，在行政系統上為國防部部長之執行者。

今日總統撤銷東南軍政長官組織，同日總裁取消總裁辦公室。

今日報載美國國務卿艾奇遜發表美國對亞洲政策，說中國人民數十年來努力爭取自由，防止外人侵犯其主權，並改善其生活，大戰終止時幾乎可達到爭取之希望。但彼等之政府未能響應彼等之需要，政府之措施失當與愚蒙，失去人民之全部信仰與支持。中國國民黨政府之顛覆，並非由於軍事力量，其崩潰乃由其本身內在之弱點及人民之不願支持，共黨之獲勝乃不勞而獲，而非由共黨之有何貢獻，彼等運用其著名探索弱點之技術覓得對方之弱點時，即盡量加以利用，結果國民黨政府僅能在台灣與海南島行使其權力。

今日港報載廣東英德三八標語，解放婦女的四得為說得、做得、寫得、鬥得，又云貞操雖要守，男要守，女要守，男不守，女亦唔駛守。

3月17日　晴

晨院會，為設立本院經費稽核委員會組織規程，大多數人願設，劉建群亦願設，實則侵犯會計法、預算法、審計法，且性質非立法院組織法上之所謂特種委員

會，依據既屬勉強，且經費上流用與不繳回國庫二者，
稽核會必須予以諒解，則為通同作弊，且本院不足為法
之事尚不至此乎。余認為一個願挨一個願打，效法苦肉
計之諸葛亮，默不一言。下午討論廖維藩等提議請制定
戡亂抗俄國策執行綱領，發言者極多，結果交各委員會
參考，此真立法委員不知法之一證也。余於下午返寓晤
張民權，邀伊上樓來臺。伊兄張伯侯中央祕書處舊人，
現在香港，伊住台中，眷口眾多。夜同楊、馮、任三
將。日間曾閱暢流稿件。

3月18日　晴

　　晨到黨部安排事務，與楊佛士談苦悶，並向伊索
暢流稿。閱史記呂不韋列傳，太史公稱之曰「聞」，注
引色於仁而行違之。古人所用字精密如此。余念桂軍或
饑，擬尋鈕先生訪白健生，鈕先生不在，乃入洪陸東
家，閱明詩綜狄名夏一首，乃臨清州人，任參將。洪夫
人云伊子打游擊，已打通十四縣，奪回擬運往蘇俄之
糧，俘二十餘人。民眾抗糧，恃此一游擊隊掩護民眾，
得免逮捕。出，訪袁師汾兄於煤礦公司，談台灣出產次
煤居多，三十七年華北煤不南下，台煤占其市場，頗獲
利。台省政府為體念民生，當地銷者廉價，外銷者提
價，提價所得利，內銷廠家亦可平均分得。現大陸淪
陷，外銷不可，內銷價低，遂成日不敷出。焦煤因工業
亦衰，銷路亦少。歸迪化街飯，擬購香菌，索價每斤
三十五元者味香，冬菇則每勊五十圓。歸寓，閱金聲語
錄，係劉承幹取諸乾坤正氣集者，錄數則如下：

　　舉身心在事外，不能得事之情，為其不相關切，則
慮患不深也。全身心在事內，亦不能得事之情，為其當
局易迷，則審機不清也。易曰，聖人以此洗心，退藏于
密，吉凶與民同患。

　　人情見美則願，如水就濕、火就燥，皆有自然之勢
而能。不願者，勉強而行之者也，強也者強也。易曰，
君子以自強不息。中庸曰，和而不流，強哉矯，中立而
不倚，強者矯。能勉強而行者，非天下之強人不能也，
而其所以能不願者，其可願之中將有大不可願存也，或
坐此可願而且誤失其所大可願也，如此則亦不見可願
矣，故曰不可見欲。

　　夜，徐昌年請飯，同座朱佛定、朱文伯（作人）、
吳石仙、彭□□、李維□、鈕長耀，冷盤好吃，魚翅無
味。歸寓即臥。

3月19日　晴

　　晨起身尋沈計中，不得。錢中岳未起，即同秦啟
人、邵家錕、盛鑌同乘車至草山眾樂園，門前櫻花盛
開，紅豔萬狀。入餐廳食包一小籠及雞肉麵，味平常。
參觀浴池，大圓者甚空，小房間不佳。轉入後草山，新
闢小徑一，可通往北投之路，游客在小徑下車，車悉入
小徑，人步行入煤業公司花園，杜鵑仍盛開，櫻花則不
過如此。余等入煤業浴室，管理員葉雲章方入浴，余等
入休憩室，雲章為啟窗楄、送茶具。是室後臨溪流且靠
山，綠蔭叢叢中有櫻一株盛放，前二窗對花園，紅紫競

放，士女爭妍，皆收眼底，頗足流連。花多猶可，人多
殊敗興。浴池換水後余先入浴，水熱難下，偶然蹲浸，
以譬如受刑罰作解。浴畢即步行至汽車停處，遇張溥泉
夫人、蕭青萍、張強、許靜芝夫婦、余漢謀及中央黨部
二女同志，停車處遇莫葵卿全眷。余等在第二展望遇馮
君如玉，方為台鐵步行隊發每五人一鳳梨罐頭、每人橘
一枚，余等亦得橘一枚。至頂北投，擬入省政府賓館，
陳誠夫婦在內，衛侍不為通報，乃至新北投公園旁山東
館飯，菜味悉不佳，惟川丸子可耳，鍋貼亦不如上次
佳。飯畢倦，即歸臥，本擬往士林茶，未實現。

　　三時到重慶南路植物園內幼稚園聽崑曲同期，偕沈
計中同往，入內李卓民正唱十面埋伏，鑼鼓嗩吶極為熱
鬧，李君嗓音亦佳。次有某君唱花婆，曲白大體得當。
次張善薌與女唱佳期，有人笑謂不言之教。趙守鈺謂
余崔鶯鶯墓誌已出土，嫁滎陽鄭恆，有子女三，壽七十
餘，元微之求之不得而誣之也。次有人唱聞鈴，不克唱
出曲中精神所在。次學堂，王導之陳最良稱職，春香及
小姐皆時有京劇說白吐露。余意崑曲道白，寧使略生硬
不足，忌套京劇求工。歸時天雨，在寓中飯後同秦、陸
兩君至錢石年丈家，得為余治小印一石，乃楊方
所贈者。遇廖世勤，打麻將兩圈乃返。

3月20日　陰曆二月初三日　陰有風

　　晨黨部紀念周，報告者為海軍司令桂永清，云中國
海軍之在今日乃千載一時，有不能不重視、不可不弄好
之勢，共產黨下工夫最久，海軍六校無校無共黨，造船

所、修理所皆為其操縱，有不應修而入塢被拆卸，致
不能使用者。各艦往往為私人所用，若國家用則走不
動。先生派系，論及派系則先個人利益，論同學又論同
鄉，真可謂無人論中華民國者。一年來積極整頓，始有
三民主義的海軍，今後先自立再得人助，希望俄艦出亞
東，奪回旅順大連灣，英人諒解歸我香港云云。次述海
門鎮之近捷乃為取給養物之常有戰鬥，此次僅較大一些
而已。又言潿洲島三月七日失，極可惜，因其地位重要
而未盡保衛之責。會散，吳禮卿到余辦公室小坐，陳固
亭、李壽雍、葉溯中、姚大海、盧逮曾皆來譚。回迪化
街午膳，膳後返西寧臥。訂日記冊不得鑽，秀妹引余往
中華路購得之。夜飯時風頗大，見本地人在草臺演劇，
有賞錢者懸紅報公告，臺北橋亦有一臺戲，錦姪云。

邃思齋日記序

　　台灣不易得好毛邊紙，余今日問楊佛士，佛士給余
一束，云非常委員會朱品三所購得也。問品三，又得一
束，且云在上海文具廠所得。余自入中央黨部，因公所
用紙向主用較佳者，監委會祕書處藏有毛邊紙，十行
藍格，印有會名（今日尋覓，已悉無有），余特選者，
念有關文物或且傳諸永久，豈知政府播遷數四，文卷燒
棄者居其大半。往年自北碚渡嘉陵江往天王寺尋卷，有
句云：「舊卷依然在，精蟫食汝名」，初以為極感慨之
致，詎知天下事有令我不勝感慨者，既摺紙訂成此冊，
致喟如右。

　　余八歲即有不全之日記，十四歲始訂成冊，自後有

題「雁月樓日記」者，積十年不輟，藏太倉璜涇東宅。
迨婚後，日記中載綴英某事不合，綴抗議且撕之，云一
日之不合豈可永久傳誦，余思之良然，乃中止。游學法
國時，有一洋裝本可以考見行踪，今藏南京祠堂巷黎覺
人夫人處。歸國任中央政治會議祕書，懼有洩漏，不作
日記，每年酌舉一二書於帳冊，今藏香港聖士提反書院
錢山處。自去春二次到廣州，隻身遠走，情親睽隔，政
府不寧，厥居超越前史，正黨員肝腦塗地、見危授命之
日，恐無所載述，愧對先人。每值秉筆，凜義省身，仍
雜諧笑以為調節，音不過激，弦不過張，視五四當年略
有進矣。

中華民國三十九年三月二十日　台北午後風急
邃齋在西寧北路六號

3 月 21 日　晴

　　立法院院會，余以八時半太早，同人散步街頭。九
時半開議，討論嚴肅紀律案，到十一時休息，僅通過第
一條。歸途在北門旁古董樓上購得石章一匣八小塊，乾
坑舊貨也。回錦侄處，得戴楚良寄來貢三除夕書，生
活壓迫又被寡媳吵吃，思投後泥崗自盡。下午何子星、
戴丹山、徐向行來譚，同出購硯，無當意者。下午院
會，待至三時五十五分始足人開議，余上台辯正一次，
眾以為然。歸寓，張默君來訪，請其寫一日記觀款以為
紀念。六時半到臨沂街六十一巷十四號應徐次宸、賈煜

如招，同座王亮疇、葉公超、端木鑄秋、關吉玉、謝冠生、洪蘭友等，此為賈老卸行政院祕書長之後輕鬆之宴，席上譚國民大會種種困難、可笑之處。菜以雞釀、紅燒肉、菠菜麵為佳，白蘭地又有花粉香，余未敢多飲。九時歸，到馮家說明不克手談之理。本日招待所宴美國與貸款有關者二人，有酒排間之，設西酒中菜，其人樂之，飲酒至醉，演說不止，任懿曾、李芳華皆不敢擅離，馮家一局所以無成也。自葉落撤職，寓中遷入馮綱仁夫婦，馮夫人督率下女工作，穿黑半臂，冷嚴而豔，下女多至五、六人，皆稚小。枕上閱元曲，與綴白裘對照，劇情相同者唱詞改得簡單，賓白改得生動。又閱中國文人傳記，不完全而短，每人皆未盡所長，非佳作也。四時許起床，得綴英二月廿一日信、奐甥三月十一日信，家中情形總括如下：

（一）鄉間已有斷炊者，今春諒必更苦。上海受轟炸，穎姊攜聯游、習美回璜涇，王姻伯母攜元鳌、歸妹返蘇州。

（二）諸人進步：錫弟到北京出席全國棉業會議，公望身體健康，大頭胖臉，精神百倍。王筠碧有進步，面向生產，滿足現狀，王清之也進步，在淮河上目睹蘇北艱苦，頗有覺悟。顧二泉不甚吵鬧，顧健中往哈爾濱東北鐵路工作，顧似已到杭州警察局去做事。炳弟醫務能在上海立足，除家用之外，還可積蓄一些。戴光琪已是六年級生，身體特別好，長得又紅又大。楊坤林、王權之調北平，李逢生過得去。

（三）不佳消息：滬太路搖搖欲墜，二月份薪水發

不出，二弟全家仍在困苦中，子女不殼營養。王大赤病小傷寒，張弓甚貧苦，萃弟到滬謀事未得，學裘亦無事，豐哥公婆媳婦間還是爭長論短，謝秉泉坐吃。

3月22日　晴

四時起，閱家書、寫日記，未多時鄰雞四唱，窗樹分株矣。飲豆漿啜粥，待久之，車始來候。到中央黨部發文，又移李自強考績甲等移給祝兼生。九時負責同志會報，商本年度豫算銀元五萬，每月不敷開支矣。十一時赴農行探聽中央合作金庫、銀行信託局內情。回錦姪處飯，菜未就，十二時仍飯，飯後回西寧中睡，至酣。黎子通夫婦攜子來游，子已能行，滿三歲矣。港工商日報有署名水心之「西樓清話」，每日一小方，短而雋永，三月廿一日登重慶絕句云：「水狹山圍鬱不風，參差燈火接天紅」，被他道著，恍然如見也。四時出行，同任悫曾衡陽街購火腿，遇成都遇見之方周文琪，邀往中西大藥房伊弟周文同處。余引伊及其嫂，並遇其夫方硯農，同入招待所，休於園庭。白上之來候余，余入鐵路局候秦啟文不得，乃先至探斗家，啟文遂亦來同飯。飯後打八圈，張春範勝。石年丈已為刻「邃齋」二字倣元人印，「狄臀望六」四字金文邊款亦刻得精雅。丈年已七十二，真興致高也。貢三信及香港星島日報所載，蘇南一借二徵三完糧，借糧在解放之後，借糧的多寡是視各家所儲存之糧而定，夏徵在新麥開始收割時，每畝徵收麥子十七斤，秋穀登場後徵收田糧，每畝徵收稻四十二斤，田超過十三畝三分的農家負擔累進，累進是

分等級的，田超過三十畝即要負擔四級累進，除每畝完四十二斤外，還要完累進稻四十斤。貢三信中云到璜後即逢夏徵與籌供糧草，每租田一畝大米一斗，秋徵租籽由政府直接收去，業主還須繳每畝二十斤稻穀，叫做累進。陳士勤長子著急病死，四子投河自盡，閔士良吞金死於上海，龔敏求在沙溪公安局被弔打幾次，錢氏幾子亦吃過幾次酷刑，尚有如此者比比。

3月23日　晴

晨出席中央常會，總裁主席，討論取締出國人員事，余未發言。十一時半返迪化街，十二時飯，飯後臥。三時張曉岩來送京士夫人所製衣服，計府綢小褂褲兩身、藍袍馬褂一身，紗長衫、毛貨長衫各一件，極為稱心，但費神不少矣。作覆綴英、令奐、貢三書，寄至香港託王豐穀轉去。五時半至榮元，同徐昌年、張伯雍、洪亦淵飲酒。七時應陳辭修（信義路二十巷一號）招，五院正副院長、祕書長、總統府、中執、中監及非常委員會祕書長，議每兩星五晚聚餐一次交換意見。余入內室訪夫人，知伯羽肺病，在瑞典靜養。八時乘敬輿先生車返，王局長登樓閱日記，修副局長來譚，余託其致候陳地球，陳、修將同往高雄也。徐昌年將轉香港往日本。

3月24日　晴

晨院會討論學制案，王雋英發言清楚，內容亦合，余為打油詩云：「學習學習再學習，今天好像兒童節，

老師說話狠清楚，態度苗條貌白皙」。十一時半轉西寧返錦姪處，飯後得明日赴台中訊，乃到立法院借款，黨部請假部署。寓中有錢石年、張伯雍、洪亦淵、徐炎之來譚。回寓為青年節寫字三幅。夜在承德路四號任志先家同白上之請台灣立委，惟羅萬俥未到，林慎、黃國書、蔡培火、劉明朝、鄭品聰、李友邦及新補立法委員何景寮均到，食四川菜再加湖南臘味，豆豉頗好吃。盡歡而散，余回錦姪處取衣，歸西寧準備行裝。昨得戴玉麟二十二日上午得一男孩，可為貢三賀也，昨書已賀之矣。陸京士來，未遇。

3 月 25 日　晴

晨秦啟文送余台北車站登車，遇黃國書、胡博淵、馬光辰夫婦、吳棪芬、王東原等，與余同行者為王亮疇、鄒海濱、李君佩、俞鴻鈞、虞克裕、胡希汾、夏敷章等。途中與胡、夏食咖哩飯、火腿蛋，皆無鹹味。同俞談中央銀行各情，君佩寫題，海濱畫蘭，小重山云：

憶昔靈均賦楚辭，行吟澤畔對漣漪，曾將芳草寄遐思，
蘭作佩，九畹露華滋。春日載遲遲，繞欄花淺碧，
照春暉，小芽吐紫雨餘肥，憑畫筆，好夢更依依。

十二時抵台中，市長陳宗熙（字志和）及程世傑、羅童松、馬鍾良來迎余等入台中市賓館，故日本太子離宮也。余宿樓下，花園荒蕪，石池無水。在大廳吃沁園春飯，飯後臥。臥起至市政府內黨史會，晤丁象謙、梅

喬林、沈裕民、睦孝章，諸同志史料、總理親筆正用電影片攝影。為察勘空襲安全地點，余同楊毓生雇車，經霧峰舊社，渡烏溪大鐵索橋，而至草屯鎮南新豐里五四號，入洪錦水宅，晤洪錦水及其子欽堯。錦水發明蔗床機及戰時捷渡機，日本政府允其專利。同徐忍茹、李治中入洪家祠堂察看，祠堂為暫存處，精要者擬藏萬斗六山中，在小學校之後庫房，工礦公司所設計，需款十萬。徐先生早余二點鐘至徐家，李祕書歸途指故宮博物館所建在某方棚近處，謂為不宜。五時返台中，入雙十路八號陳果夫宅，先舉行財務委員會，余被邀參加，歷兩小時始飯，仍沁園春，菜無味。散席後又開基金保管委員會及特種基金保管委員會，余同果夫兄還，譚徐可亭功罪及壽勉成處理無方等事。返寓，訪錢自誠、孔德成、彭醇士，均未晤，祇晤小樓及王東臣。東臣云李頌夏全家在滬至苦，東臣將遷北投溫泉里十四鄰八巷十七號。返寓浴後即睡，房多蚊，幸有帳，余此行攜被及枕，不為厚被硬枕所苦，樂哉、樂哉！

3月26日　晴

晨黨史會李祕書來，同往公園東紙廠宿舍徐忍茹寓喚伊起，紙檑上有槍洞二，前次勤務兵殺死山東軍官槍彈越牆而過，忍茹在家幾波及焉。六時半同車越北屯至大坑小學，後有防空洞四，水泥砌口。第二洞水泥地本可以藏史料，有駐軍欲藏子彈汽油，便不相宜。再乘車至一鐵索弔橋，過橋為東里村，邱念台之故鄉即在村附近。在山中離橋四里之四間樓為一別墅，亦可以藏史

料，運輸較難，確不如昨日新豐里也，新豐里又比較有退步。回台中，到振興里 44 號訪莊慕陵（尚嚴），知歐陽邦華返北平，而張柱中仍病。譚未久，即到鐵路飯店訪李君佩、俞鴻鈞、虞克裕，陳市長請往賓館西餐早點，魚及火腿蛋之後為木瓜，余及鄒芳皆未猜到。王季玉之女仲厚及其婿孫雪樵來訪，鄒夫人趙淑嘉亦晤余。九時車，兩旅行車、一吉卜向日月潭出發，先南行，自南門橋至烏溪大橋之路為昨曾經過，過橋不多，路為草屯，自草屯而東，經半山、南投、集集。南投路上防洪水，頗多凹橋與河床平。集集以上為山路，過水裡坑、頂崁頭社而至日月潭，每山角路轉，涼風一陣，快人心意，與水港轉向風生同一趣味。既到日月潭，入涵碧樓，孫哲生書涵字作涵，真不識字也。樓窗面譚，四山映碧，真好風景。一時飯，飯後臥，至三時起寫日記。四時半麵，麵後余等隨陳滄浪經理及下女曾鎮下坡至潭邊乘汽艇，至下面候鄒王下船，又因人數多且須警衛，候另一汽船到，船始發，紅日衝山矣，祇可至對河。番社酋長及大小公主來迎，先合攝影，繼至酋長家簽名，最後為跳舞歌唱「依挨喟」，依挨係歡迎之意，賞新台幣一百元。回寓為七時，休半小時而飯，余等擬明晨攀登文武廟之後游霧社，已商得李君佩同意，而蘇局長謂須往草屯轉車，時間不及，諸人集中注意力為水裡坑日月潭系水力第二發電所參觀，乃作罷。余疑魚池靠近，亦可轉至埔里也。今夜旅舍之房間分配如下：（一）王、李；（二）鄒家；（十五）胡、夏、馬；（十六）蘇警察局長銳淞、周副官玉珍、王副官春和；（十七）

虞及陳善垣（道縣人）；（十八）狄君武；（十九）俞
總裁。

張其昀日月潭紀勝云：自日月潭行三十公里至埔
里，自埔里溯眉溪而上，深林密菁，道路崎嶇，兩岸斷
崖相迫，形勢險要，河流急湍，建鐵索橋於其上，以資
津渡。到人止關附近則斷崖越急，溪壑愈深，汽車循鳥
道上，十二時至霧社，自埔里至此計程二十公里，仁愛
鄉公所在焉。再行四公里為春陽社，皆山地同胞。

3月27日　晴

晨五時半起身，同蘇銳淞、夏敷章、胡希汾、馬鍾
良坐汽艇至文武廟，有水泥所澆石級，凡三百餘級，級
多而寬度不殼，似乎高陡。石級旁有兩行瀉水溝工程，
亦比別處為佳。盡坡上有文武廟，供三神像，疑是孔
子與關、岳，有空白本備游人題名。總裁以一月廿三日
登，子經國、緯國，孫孝文、孝武、孝倫、孝明、孝章
侍，白崇禧三月十五日有題名。余書余等以日出時來此
廟，又記未來游之王亮疇、鄒海濱夫婦名，並云諸人中
有游興甚高者，余等不敢請他們，偷偷來此一游，非常
快適。余寫字時，夏敷章在廟見打太極拳，諸人有周倉
入報，關公不懂之謔。下山又行船之光華島，劉文島題
扁寫得還好，跋語中有錢乙藜導，真有不堪回首者。返
涵碧樓，覺潭水晨間清涼，四山葱翠，均繞白雲，白雲
之凍合者，狀若雪山。余又憑欄注視東峰日出，自透豪
光至全吐約需十餘分鐘，既朗朗高懸，逼視之則似一圓
紅球滾於鏡面，霞光落水則若寶塔數層攢入水底，除此

之外則上下泥坡聽鳥鳴及四腳蛇跳躍，境至靜適。登樓
後啜粥食麵，九時作歸計，至水社觀進水口，到水裡坑
參觀第二發電所，水自大觀來，衝擊發電，可供全臺南
北應用。至草屯飲茶，至南門橋車阻塞，余步行入城換
車，至鐵路飯店拉夏敷章入白蘭飯，以鳳尾蝦為第一，
兩人費十九元，鐵路飯店一客西餐之價也。俞鴻鈞、何
善垣搭車歸，飯店中來一巧客，乃張道藩。余於飯後至
永生委託商行購得大硯一方，凍石章一對，攜歸鐵路飯
店，李君佩愛大硯，余舉以贈之，蒙伊接受，握手為
記。既而余入黨史會晤鍾孝仙、安懷音，余同鄒夫人訪
三民路七十四號訪孫雪樵家，見其虔奉天主教之老母，
兒北辰、女安玲，尚有長女安琪未見。在孫家借得潮州
扇一把。余同徐忍茹、李治中訪孫鏡亞，困於妻病。
出，欲再於委託商行購文具，迄無所得。入公園啜茗觀
日落，遇軍人諸暨俞君、余清、孔達生，達生攜女來。
歸達生家，同鍾孝先三人飲威士忌一瓶，菜有魚油熬白
菜、炒雞絲等，蒙贈孔羃軒全集十冊、雞血章一。到民
族路小桃圓觀女侍，又到錢自誠家晤其夫婦。八時到果
夫家觀電影，又為蚊嚙，至苦。九時半返賓館，知孫鏡
亞、劉燕夫來訪。余浴，浴後久待，時光過去，天熱蚊
多。一時半李治中送余車站，余臥二等十二號，叫茶一
盃，即合眼。

3月28日　晴

　　晨醒，車過嘉義，過岡山後起身，到高雄下車。雇
三輪車至大港浦大同一路三十九號，戴恩沼已到廠，伊

婦生產後住醫院未歸，乃往中山一路 192 號錢錫元處晤
伊弟志堅。余同錫元至陸長鑑家，伊夫人於某輪爆炸
時遭炸片傷，長鑑因搬東西吐血，治療得愈，不能重工
作。余等待久之，長鑑回，面仍黃胖，兩男孩甚為活
潑。出，到前金區樂仁醫院探玉麟婦，已起床行走，小
兒以小手指弄鼻。出，到連雅區市場德川商行訪趙滋
川，其夫人患痢疾，殊苦。出，到成功二路重機械廠訪
恩沼，油輪公司訪恩泝，同入振興館飯，遇季炳辰，三
人共吃四十五元。飯後巡街，到大同路臥，臥起寫日
記，桌小腳活，不甚穩。五時許同恩沼入市，同恩泝入
北平雅宜園飯，三人共吃二十二元。飯後入國貨公司一
巡迴，四樓空氣不通，有穢氣，且無足購者，乃出。間
步街市，思飲茶，無茶館，乃歸。錢錫元來譚。余睡得
安穩，恩沼胃痛吐瀉，竟夜未安眠。

3月29日　晴　青年節

　　晨七時起，即到錫元公司，門尚未啟。赴車站，知
四月一日車票須三十一日往定座，而於一日晨往購票，
處置一律，似無可通融者。再到錫元公司，約錢志堅再
往車站見站長張文彩，允四月一日往購票，並約晤黃位
中弟。余在山東館飲牛奶及烤饅頭，乘往鳳山之汽車，
每人六角，過二小站即見車左高雄縣立鳳山初級中學牌
坊，而汽車停在城內。下車晤王淑政，謂伍校長參加青
年節大會，余同錢志堅走回校中，伍士焜、譚龍沾均不
在，乃同士焜次女智明攜扇同入城。將到城，士焜駕自
行車來迎，同入鳳山戲院參加青年節大會，高雄縣長黃

劍菜主席。余演說青年思想純一，無顧慮牽累，易於成功。另有以國語講、以台語講者各二人，以說台灣話一女子為佳。呼口號散會，入縣政府參觀，原為學校，又入縣黨部與吳書記長崇雄及各同志坐譚。出，往黃縣長私寓飯，晤張震西、張朔、林世雄、盛斯族、王淑政、□□□等，食飯，以煮雞及湯為美。飯後回中學，候伍夫人及智明同坐卜車赴屏東，過大橋，橋下乾河西瓜累累，屏東瓜以產於橋下者最美。入屏東公園飲茶，茶座空一方二丈為舞池，見留聲機，二軍人作伴為舞，一軍人作舞態獨舞，扭夾其臀，作無可奈何之態。余同士焜出，尋公園旁之高山族房二間不得，問人太倉軍官王某有眷住在屏東，亦無人知之者，乃往參觀屏東糖廠，日人所謂亞東第一糖廠也。廠內總務課長劉伯繩（振）款余等於客室，述糖價賤，外銷艱，外匯受制於臺銀，分糖制農民受紳士挑撥、黑市影響，多所更張。入製糖部，自切蔗、軋蔗、溜水、加石灰水、溜清、製糖漿、乾結、漂白、打包，均參觀完畢。上樓下梯，火鍋蒸熱，糖亦發臭，工人有工作十二小時，亦人間地獄也，余等至為不耐。入客室書題名一，又留記一段，謂此為吾國重要糖廠，規復於炸火之餘，奏債於艱難之會，員工辛苦，而外間責言紛至，轉瞬大陸反攻，即有發榮滋長之樂，所望農工商合作，政府獎護，以策成功，敬書此以為券云云。晤廠長麥致祥後即辭，出廠後有裕仁臨幸植竹紀念碑可讀，返鳳山中學與孫蒸民、譚龍沾談。夜士焜請飲，黃劍菜、張震、吳照軒同席。酒後坐風庭譚笑一回，決以明晨六時發四重溪，過恆春，登鵝鑾鼻

燈塔望太平洋、菲律濱。黃、張兩君策劃再三，惟恐余游之不暢，可感也。

　　青年節在二十七年三民主義青年團所呈准，本為五月四日，二十八年五月四日舉行第一次青年節。三十二年青年團代表大會於重慶決議改在三月二十九日，中央常會五○九次通過，其意蓋以黃花崗之精神號召青年作愛國運動，而以五四運動學生干犯政府不足為訓，為不說出口之理由。余為五四當年發動之一人，特記出此節之變遷，且以革命紀念日已歸併於此，現再加上青年節，一併再併，先烈之功德不能悉張，而五四之記念移作私典，皆足致病，益感為政不可以勉強行之也。

　　吳照軒，九江人，鳳山中學國文教員，曾任埔里山林所職員，久任日月潭，謂日月潭水太小，何能望中國境內之大湖，比杭州西湖亦不及。自日月潭至埔里，公路四十分鐘，自此上霧社，先越一石壁之關曰人止關，沿途多櫻花。至霧社有日本神社，一九三十年十月二十七日高山族戕日人於此，族人止十餘家，有警察派駐所。再上山十有分鐘，有村曰櫻社，今更名春陽，高山族又十餘家，警察派駐所極尊嚴，一巡官、一警察而已，沿途風景甚佳。余在日月潭渴欲遊霧社，無人肯伴游，乃止，聞吳君說如是，下次到台東必往。

壽張震西六十次原唱卻壽詩韻

人生行樂樂無涯，甲子得周輕百骸，
採藥求仙徒苦事，著書傳世亦痴懷；
君將長壽因醇樸，我不賡詩怕巧乖，

鳳學花朝欣幸遇，開樽譔浪動茅齋。

3 月 30 日　晴

　　晨參加鳳山中學朝會，鳳山在舊時文風甚盛，臺灣
第二名進士莊文進（乾隆三十一年丙戌科）鳳山人，余
勗中學將來發展。黃劍棻原約凌晨以汽車來候，至九時
半不至，聞車往高雄接人，余乃決計先游台南，明晚
中央黨部留鳳山同志有公宴，不及待矣。伍士焜送余至
高雄，即得轉車往台南，途經岡山空軍通訊校，尚隔一
程，乃不往尋施振華。十一時至台南，尋得公園路八
十六號聯勤修車廠，方祖亮為主任。行至後院宿舍，許
建元新生一男，方發沙子向愈，不能參加嬰兒比賽，否
則肥頭胖耳，有得獎可能。余名此子為郡光，在延平郡
王所在地所生，光字下為儿，父名亮有儿，母名元亦有
儿也。在房內飯，紅燒肉有豆腐，果為余特備。飯後出
民國路七巷，未得。到臺南師範，校長張忠仁勤苦工作
四年，今易以吳鼎。余尋于作生夫人曹簡宇，為校中化
學教員，住樹林里二十號，尋久而後得之，作生在家，
未幾夫人亦歸。夫人引余往延平郡王祠，原曰開山神
社，日人定為縣社。有新塑之王像，頗為英武，扁對多
可誦，而灑掃精潔，足以發人敬仰。出，同祖亮往赤崁
樓，遇台南市長卓高暄，方引朱懷冰、柳克述、習文德
游。赤崁樓下有鄭成功行書真跡、沈葆楨扁對、鄭成功
受荷蘭降油畫、古安平塞圖、荷文降款，頗有歷史價
值。樓上為何遂所贈燉煌畫象，則不相稱也。旁為魁星
樓，樓下陳博物，樓上僅跳腳魁星像。卓市長邀余往安

平塞，有億載金城臥砲五尊，有古堡，鄭成功薨於此。
余等升碉堡，市長指示古安平不聯陸地及運河狀況，舉
首西望，懷古之思甚多。出，到運河工程處，袁景凡引
余觀罱泥船，有鐵罐運泥，一日開機敵六千工人力，惟
機管均須洗，整月僅開工二十日。袁景凡本在程潛處，
潛姪□及左右皆共產黨，故袁君自長沙走廣州至台，與
余在龍潭相遇，尚藏余之寫件。歸途余至許建元處食
雞，既而應市長暨袁景凡合宴，同席柳、朱、習三人
外，為張志鵬、魏育民（憲兵十二團團長）、劉德霖、
劉韻石（國大代表）。宴畢，再尋民國路七巷不得，到
衛民街十四號訪憲兵第八團副團長夏效禹妻，溧陽狄維
新之妹也，有五孩。劉德霖送余返于心澄寓，譚話一回
始睡。

3月31日　晴

　　台南師範舉行師範教員運動周，有成績展覽及各種
學生活動，本日有國語演講比賽，余擬旁聽，嗣知期在
明日，乃不參加。起身後食麥片，同心澄往距離最近之
王仲裕家，伊習太極拳，從來不病，喜閱書，有通鑑學
等書，丁鼎丞先生過台南主伊寓。同往五妃墓憑弔，五
妃者，明寧靖王朱術桂之五姜，於康熙廿二年鄭成功海
軍敗於澎湖，寧靖王殉國，五妃從死。今有一古榕樹，
五小像旁懸赤崁趙雲石一聯，云「血化一元鳥哀帝魄，
香流五桂花是女貞」，山東學人趙阿南云此聯甚佳。別
有石碑，已風化不可卒讀。余等游此時，夏效禹妻遣其
弟狄順康來候往飯，余謝之。余與仲裕坐三輪往游火車

站下鄉之開元寺，明末古剎也，永曆十六年創，卅四年增三殿，泥塑佛像外有日本東平願寺移來銅佛像三尊，佛像頂光以銅絲作篩狀支罩於像後，有一尊阿彌陀佛有銅龕，極精。後為鄭經井，鄭經奉母董氏於北園，築養老別墅，鑿此井，井甃頗大，而水已不能用。後為昭和五年酉山詩社所立篆書詩魂石幢，最後有僧塔三座，頗俗氣。此寺環境甚佳，經典亦富，有青年僧伽，李子寬有屏條致訓，客座有樹根肖鶴肖野豬，皆佳製也，頗足流連。歸，至文廟，沈葆楨書台南首學，明倫堂摹趙孟頫大學之道至所厚者薄一段，精神飽滿，毫無弱筆，除「慮慮而」三字若翻刻外，一無遺憾，真不愧工書。出，與仲裕別，余至市政府訪卓高煊，伊派員送余至七巷梅必敬宅。晤必敬，知其一女出天花微麻，而其內弟婦因夫在美不歸，感覺寂寞，服氰化鉀自殺。氰化鉀使血凝固，極易自殺且不及救，德國哥林即以此自殺。歸途又望見梅妻，中午至心澄家飯，與其老母譚，年八十茹素，心澄夫人認為祇是迷信，無法勸化也。菜有紅燒肉豆腐，頗好吃。飯後略睡，睡起往文廟街訪郁凌飛夫婦，三女一子，與梅必敬之三子一女相反。食西瓜兩片，出，至公園訪謝鑄陳（健），值其午睡，乃至方家小睡。祖亮送余車站，乘三等對號車，返高雄為五時三十分。晤站長張文彩之後，即同黃壽峻坐三輪車，過壽山隧道即為西仔灣，對海望灣，時適日落，非常美觀。歸，上鴻運樓飯，川丸子、溜黃菜皆及格，酒及蒸餃不佳。出，同黃君別，余訪錢志堅，未見錫元，問伊願游四重溪鵝鑾鼻否？答言無暇，乃回戴玉麟處，婦已攜小

兒回，頗好玩。陸長鑑夫婦昨來訪，約飯，余尚未返。
夜未深即睡，略有蚊擾。

雜錄

葛之覃，蒸輝。

高立權，意耕。

于大小姐，長安東路一百六十六號。

周還（逸雲），常熟人，律師，漢口街一段47號二樓，
　　　　　　二八二九。台北臨沂街 25 巷十三號。

毓子山，重慶南路二段植物園旁門內實驗小學附設幼
　　　　稚園。

葉雲章，後草山公園台灣煤業花園浴室管理員。

吳石仙，臨沂街五七巷三六號，東門町一條通。

朱文伯（作人），濟南路二段臨沂街 27 巷五號，二三
　　　　　　四六。

周文琪，夫方硯農，仁愛路二段三十八巷七弄三號。

周文同，文琪弟，博愛路中西藥房。

汪茂慶，同安街八十三號，字沛然。

李壽雍，泰順街 44 巷三號。

胡昌熾，台北溫州街十六巷十五號。

卓高煊（蔭蒼），台南市長。

閻鴻聲，中央合作金庫信託部副經理。

孫振強，娶毛佳福，士林郵政信箱一號，四月九日六時。

劉象山，香港銅鑼灣舒潦濤街 11 號 A。

劉振明，香港干諾道中 92 號二樓，信興公司。

狄璉（天生），嘉義民族路武德廠。

陳育沅，Chen Yu-yuan。

羅普生，Loo Poo-sun。

唐夢華，西寧南路隆昌街五號利華商行。

陸蘅，新店弔橋大坪町二號牟乃紘。

戴問梅，迪化街二段 254 巷二弄四號莊乞食。

陳景陶，瀋陽路一巷十一號。

張西林，M. S. L. Chang, Pension Vid Verdand, 32 Avenue
　　　　Veuilly, Paris, France。

孔凡均，泰順街八號。

薛珮琦，中華路一○三巷四二號。

徐鍾珮，同安街 72 巷一號，廈門街六條通。

趙效沂，香港時報採訪丁公館時代之老記者，中山東路
　　　　二段六十五巷四十二號，六五四○。

王益厓，永康街 31 巷 16 號省圖書館宿舍。

炳弟，上海（18）陝西南路一八六弄一號，長樂路南，
　　　　電話七九三二一。

錢自誠，台中復興路一百號航空工業局宿舍。妻周德
　　　　芳，四川省立教育學校。

施政楷，台北漢口路兵工署三樓發展司副司長。

王樹德，篤生子，牌樓市人，基隆海關幫辦或祕書。

王樹常，台中電力公司。

許汝福，高雄市商會三樓要塞司令部官舍。

華□□，宜蘭空軍督察總隊。

周祖達，自誠內弟，南京東路松江路 132 巷十六號。

吳瑞生、蔡培元，台中女子師範附屬中學。

何欽翔，香港九龍山林道 25C 號四樓。

吳□□，景周長女，適潘家寅。

鍾伯毅，原名才宏，泰順街六十巷十六弄九號。

范爭波，三重埔錦通里六鄰 201 號。

沈述之，香港九龍塘尾道八十七號三樓。同鄭善猷、
　　　　俞家璋在一起，洗染店在青山道 104 號樓下。

張篤倫，字伯常。

徐次宸，泰順街卅七巷。

雷孝實，大安區建國南路 168 巷台糖公司宿舍院內
　　　　14 號。

史蒂奮。

許延俊，教育部高等教育司長，安徽來安人。

楊博清，臺糖公司。

喬獻鑫（品三），臺糖公司警務課長。

袁永錫，台北漢口街一段 78 號國防部兵工署。台北中
　　　　山北路 53 巷 61 號。松山基隆路一段四四西
　　　　村亨字第十三號。

狄慧齡，岡山空軍子弟學校校長收轉。

狄君毅，基隆外木山九十七號，電報掛號一一〇五，
　　　　台灣肥料第一廠，定生介紹。

劉象山，香港銅鑼灣舒潦濤街十一號 A 二樓，李式如
　　　　先生轉。

何元吉，浦東人。

徐公義，江陰人，華南紗廠廠長。

盧滇生，永康街 31 巷十號。

李志伊，武昌街二段五十巷五號，子李家祐。

顧晨祥，台北中國航空辦事處副處長，二三〇六，銅
　　　　山街中航宿舍。

台北市江蘇同鄉會，中山北路二段八十九號，七六
　　　　七三。

段永蘭，書詁女，羅斯福路三段浦城街 16 巷六號。

朱育參，泉州街四十一巷十四號。

盧孰競，南海路十五號。

徐文鏡，台中自由路八五號。

王星舟，貴陽街二段四號。

孫鏡亞，台中復興路綠堤西巷十二號。

方青儒，成都路 79 號漢興貿易行，四一九〇。

黃君璧，和平路溫州街 16 巷 16 號。

過鍾粹（楫人），螢橋同安街 101 巷一號。

林佛性，新生南路一段九十七巷五號。

趙蘭坪，仁愛路一段 23 巷 27 號（徐州路十八號）。

姜次烈，台北麗水街六號。

王戀功，台中模範東巷一〇號。

楊寶乾，和平東路二段 114 巷三十號。柏油路走完上石
　　　　子路，過台北師範附小。妻陳瑞亭，女麗娟。

黎子通，華山町天津街十一巷四衖四號。

黎子留，香港九龍廣華街四十二號，永光電器製造廠。

沈亦珍，上中校長，和平東路一段青田街一巷七號。

孫慕迦，建國南路 178 巷二十一號。

蕭贊育（化之），新生南路一段 143 巷七號（六〇
　　　　三九）。

徐恩曾（可均），新生南路一段 145 巷十一號。

雷法章，仁愛路一段廿一號。

張道藩，溫州街九十六巷十號，自羅斯福路三段■■
　　　　■轉入，蔣碧微。

鈕永建先生，博愛路植物園側丙種房屋七號，陳伯稼。

洪陸東，植物園側博愛路 206 巷四號。

張強（毅夫），浦城街丁種住宅廿八號。

鄭曉雲，廈門街 147 號（八條通十號）。

焦易堂，龍山區富貴里三水街 87 號。

姚大海（容軒），大正町九條通三十號。

李曼瑰，泉州街卅二巷九號。

張默君，建國北路九十四巷三號。

邵健工（華），瀋陽路三巷七號。

劉贊周，台中永龍里白上路卅八號。

李永新，台中建國路一一八號。

李石曾先生，浦城街十一號。

陳尚球，水源地國防醫學院十號宿舍。

張世希，南京人，第七綏靖區司令官，和平東路一段
　　　　181 號，二四八四。

袁世（師）汾，重慶南路台灣煤業公司。

袁世莊，汪典存夫人，寓蘇州盤門東大街五號。又在
　　　　閶門外四擺渡聖光中學教書。

雷孝實（寶華），台灣糖業公司一樓顧問室。

張阿連、高炎祥，迪化街一段 280 巷四號。

章鶴年，杭州北路二十號，台北市警察局衛生大隊章
　　　　寶■轉。

余入境號數，三十八年十二月五日臺公新字第八一一
二號。

余南京市國民身分證，三十五年五月發，京（一）字第
九六八五二號，住中山■…■南京一■…■。廣州市漢
民區公所蓋戳，重慶住埏生路 115 號，編入七區九保

十六甲。

鄭彥棻，浦城街丙字二號。

秦滌清，Mr. Tsing Di-tsin C/O Chinese Embassy, Stockholm,
　　　Sweden。

何芝園，泉州街二十巷三十三號。

吳忠信，重慶南路三段九巷一號，二八三五，台中模
　　　範東巷一號。

于右任，青田街九號。

余井塘，金山街九巷二十八號。

何應欽，牯嶺街六十一號。

俞鴻鈞，中山北路二十巷五號。

金仞千，漳州街二十九巷九衖四號，基隆港務局高之
　　　瀋轉。

李德元，總督路汽車間樓上。

趙棣華，臨沂街七十一巷十六號。

趙耀東，新生南路一段九十七巷二號。

關吉玉，臨沂街二十七巷七號。

王子弦，羅斯福路一段七十二巷一弄二號。

王世杰，長安東路二十八號。

許靜芝，重慶南路二段六巷三二八號，六二三一。

季源溥，安東街四○九巷六號。

章力生，建國南路大華新村三號。

陸翰芹，中山北路五十三巷二十四號。

趙君豪，中山北路二段六十五巷三十四號，五七
　　　七七。

張明，二六一七、二○二三。

謝徵孚，中山北路一段一○五巷七號。

葉秀峰，台北濟南路四十二號。信義路二段十七巷四
　　　　號，六一二六。

董肖蘇，台北重慶南路二段十二巷一號。

王公嶼，臨沂街六十巷四十四號。

邱念台，中山北路一段一○五巷七十號重居■…■。

楊有壬，台北大同街大同村七號。潮州街二十六巷五
　　　　衖七號，靠近杭州南路二段九十■…■。

江蘇同鄉會，台北中山北路二段八十九號。

孟傳楹，台北松山區光復路二十二巷十六弄六號。

何聯奎，台北北投溫泉里八巷十四號。

金葆光，羅斯福三段二五○巷九弄一號。

李翼中，濟南二段十四號，家二六六二，公三二
　　　　一三。

孔德成，台中自由路八十五號。台中復興路復興里十
　　　　二－十六號。

汪寶瑄，台南成功路一巷四十八號。

徐培根，台南中山路二十六號蔡宅轉。

祝再揚，銅山街一號，二七三○、三九六四。

李煥之，忠孝路一段四十八巷十三號，新生南路五四巷
　　　　入邊。

林紫貴，大正町四條通（長安東路）一段二十五號，
　　　　二五一七。

王振光，漳州街十三巷五號。

于錫來，台南東門路六十一號。

王為鐸，嘉義新北區興中街一四八號。

吳開先，廈門街九九巷二十八號。

端木愷，銅山街二十號。

顧毓琇，新生南路九十七巷十二號。

朱驪先，杭州南路二段三十四巷三十一號，三一
　　　四六。

丁鼎臣，潮州街二十二號。

吳國楨，新生南路二段三十巷二十六號。

陳雪屏，寧波西街一〇八號，二九八七。

顧祝同，濟南路二段泰安街二巷二號。

吳道一，仁愛路三段五十一巷七號。

羅寄梅，和平東路二段安東街四一八巷九號。

洪蘭友，新生南路一六一巷三十四號，六六〇五。

雷儆寰，和平東路金山街一巷二號，六八八五。

葉寔之，杭州南路一端七十七巷二十三號，四五五六、
　　　七〇〇一。

冷欣，廈門街一三五巷四號，六一七五。

張厲生，青田街四號十五號。

王啟江，在鄒海濱先生寓後。

吳則中，中山北路八十三巷七號。

溫麟，基隆信義區禮東里修道巷■號。

馬肖峰，岡山前峰里前峰路（天龍旅社後面）一四〇號。

戴恩沚，高雄五福四路七號油■公司，電報掛號九七
　　　〇五。

劉兆勳，台中建國路七十三號。

李錫恩，台中西區公民里五廊巷十三號。

閻孟華，西區雲彪里模範西巷二十號。

孟廣厚，雙十路新北里三十九號。

張福濱，杭州南路一段 111 巷十九號。

鄭味經，和平東路泰順街四十四巷十九號。

許以仁，建國北路九十四巷七號。

黎傳水，台北市電訊局電話部分長途台。杭州南路，
　　　　隔壁是四十七號。

新北平，台北西門町鐵路洪長興對面，以醬肉燒餅
　　　　著名。

朱品三，仁愛路一段 23 巷七號。信義路二段七十九巷
　　　　十七號，自七十七巷或臨沂街入。

苗培成，臨沂街 60 巷 28 號蔣。

交通銀行台灣辦事處，峨嵋街三七－三九號，七一七五－
　　　　七六。經理侯銘恩，字警齋。

戴恩沼、戴恩沚，高雄大港浦大同一路卅九號。

唐堯生，履平子，台中豐原豐中路 287 區署內聯勤第三
　　　　被服總庫。

陸長鑑，高雄大港埔高雄機器廠宿舍。

韓同（叔穌），和平西路二段 44 號。

林泗水（向曙），福建省監察委員。

錢錫元，高雄市中山一路一九二號，台北峨嵋街六
　　　　一號。

楊題（全坤），高雄市中山一路二三〇號，上海■■
　　　　行，經銷金星牌油漆噴漆。

朱毓麟（懷玉），萬華區桂林路一五五號。

陸京士，電話 7275，叫 105 號門牌。

劉大悲，台中綠堤巷二十九號。士林園藝試驗所任總務
　　　課長，所長陳國榮。

趙葆全等，建國北路十一巷省府新建屋■■號。

易君左，羅斯福路二段 85 巷 16 衖二號。

鄭曼青，廈門路 81 巷二號。

許世璟，和平東路一段 101 巷 22 號。

吳保容，中山北路 121 巷 32 號。

劉子澄，重慶南路一段十四號台灣書店。

馬桐亮，懷寧街九號農林公司畜產分公司。

沈計中（季中），與顏叔養同住。

林佛性，新生南路一段 97 巷五號。

張光坦，新北投溫泉里八巷十八號。凱音在九龍城獅子
　　　石道 48 號新建房子二間三樓，子名光域。

趙韻逸，重慶南路一段 132 巷五號。

陳泮藻，浦城路底羅斯福三段一巷四十九號。

謝壽康，中山北路一段 53 巷 46 弄一號。

林式幹，基隆淺水碼頭水上招待所。

賀其燊，妻裘吟五，杭州南路一段 71 巷■■號，6821。

方祖亮、許建元，台南第三十三號信箱，公園路八十八
　　　號聯勤■四汽車廠。

吳頌堯，重慶南路三段九號一號中央銀行招待所，二
　　　八三五。

孫祖基（道始），博愛路六十七號一樓，七四四二。

朱慶治、洪婉貞，臨沂街六十三巷七號。

崑曲同期地點，寶慶街二十五號台糖第二宿舍，介壽館
　　　左後方。

凌紹祖、金仞千，台北漳州街 29 巷九弄四號。

顧振宇，漳州街第一村 A 五號。空軍總部總務科，在
　　　濟南路。

王唯石，中山北路三段雙城街卅一號。

邱昌渭，字毅吾。

朱佛定，永康街十七巷二十一號。

羅星薇，廈門街 123 巷 20 號（螢橋五條通）。

徐篤行，聘儒子，基隆忠二路彙豐行（豆餅）。篤駕，
　　　廣播電台。

洪鈞培，中正東路三段一〇〇巷五弄省府舍，舍丙 39
　　　號。螢橋同安街 28 巷 9 弄二號。

顧建中，中山北路二段 72 巷 24 號。

徐燕謀。

王振先，漳州街 29 巷 12 號。

徐昌年，榮元，4247、3775，金華街一百十八號，金山
　　　街口。

于景讓，溫州街 18 巷十六號，台大教授。

張善薌，和平西路二段 26 號。

孟尚錦，香港皇后大道中 83 號寶生銀行。

張岳軍，盧生祥，重慶南路三段九巷一號，二八
　　　三五。

金輅，杭州南路一段 105 巷八號，東門町三條通八號。
　　　農林公司電話三一二八轉七號。

姜紹謨，麗水街四號。

廖維藩，中正東路四段松山區光復路 22 巷 49 號。

曾劭勳，溫州街 20 巷五號。

劉振東，杭州南路二段八十一號。

張子奇，李毓萬寓伊處，羅斯福路三段龍泉街 92 巷
六號。

于心澄，浦城街二十號。

楊寶琳，羅斯福路三段 200 巷十弄六號。

彭爾康，大正町六條通 33 號。

梅必敬，中航總務課長，台南中正路七巷十六號（大涼
里九鄰），公園招待所。

陳超，仁愛路二段四十八號。

曾仲千。

4月1日　晴

　　晨攜行李往高雄車站，站有新吉卜車司機沈某，原為殷君采司機，新到職，宿友人家，無人知其址。以故余約黃壽峻、張文彩游鵝鑾鼻，來回二百七十餘公里，原定晨六時出發者，仍於八時後始開車。自高雄至屏東為柏油路，屏東至潮州先過內埔，潮州至枋寮有火車並行，公路路面浮石飛砂，極壞。自枋寮分路而東百公里可至台東，余等折西沿海岸線行，蔚藍無盡，白沫衝沙，有海鷗一字成隊迎余車，前行又有另一隊翔海上，共見四隊。見一峰陡起者，過之則為恆春，有城垣。入一南光飯店飯，有雞卵炒笨（「嚼笨」）。出城，過船帆石則為上燈塔之路，見熱帶性海岸原生林，上坡有鵝鑾鼻為台灣八景一之石碑，余等攝影於是。上燈塔，武進周家生引至四樓，樓外圍可望海景。更升塔頂，天風吹人欲下，南可望恆春所屬之七星嶼，東可望紅土燋而已，菲律濱隔的遠，望之不見也。燈塔已減低，現有者係美國人半送半賣，用乾電燈中，主要部分為水精增光器，可以六十枝光加增千倍，而燈泡一個壞了第二個自動會轉上，否則颱風時燈塔火滅，無人能上喚燈泡也。下樓題名，知柳、朱、習一行以今晨來游。余等此行，軍檢方面得□…□，燈塔方面經公路局枋寮段段長合肥譚聲宜招呼，便利不少。歸途轉四重溪福泉旅館浴，泉為炭酸泉，滑溫合宜，每人祇需一元。黃壽峻購焦米贈余。歸途右為山，山間彩虹一弓，移動送余，紅黃藍紫，若架彩坊。左為海，海水藍光，如觀洋畫。近枋寮處觀落日，太陽束藍闊帛，初似 ☰，則為壽字，

次🙂，則為無錫紅帽泥老翁，露紅帽與二足，三為一字，四如兩紅鳥，次如兩紅燈，次則一燈滅，真美真麗。過枋寮借油，自此後天黑行壞路，路上復槍前行，車過屏東後，柏油路上疾馳而歸高雄站，余有戒心焉。八時在餐廳西餐，九時入貴賓室咖啡，十時臥車發高雄，張、黃外，呂俠君均送。車上飛煤嗡蚊，人聲亦雜，小站均停，燈光耀眼，余此行以最後一日完成台灣最南端好望角之行，人家以一日半行程游者，余以一日游了，未嘗出意外，歸途應受些小磨折。夜起飲茶，知為苑裡，所行者乃海線也。

4月2日　晴

晨為車侍呼醒，其意在整理臥具，使鋪位襯板移上變為坐位。余對床為浠水軍官楊俊，攜小本白文四書，余與譚話，知二十六年曾在太倉抗日，憫太倉城區被炸甚力。

七時二十分車抵台北站，余坐高輪洋車返西寧北路六號，秦啟文供余牛乳及餅干。獲三弟三月二十來書，云錫弟在北京未回，邁櫻今年將產。璜水改為棉產技術學校，有學生一百二十餘人，分三級，沈禹昌及桐表弟皆高興，余西宅後之田租與供實習，皆好消息。未問伊與斐玉離婚據及書信放在何處，起余疑慮，不及何因而問也。中午返耀錦處飯，昨日已準備百葉包肉。回西寧路美容，歸六號，徐炎之、張善薌夫婦及女穗蘭、媳陳庭芳、雷孝實均已到。今日崑曲同期，余與炎之及任德曾作主人，先後到者錢石年、秦啟文、張清源、吳望

伋、王企光（健侯）、朱虛白、潘毓萱、趙韻逸、浦逖
生夫婦及子女。

整齣唱者：（一）琴挑：小生胡惠淵，旦張善薌；
（二）寄子：外蔣倬民，貼徐穗蘭，末徐炎之；（三）
游園：旦奚志全，貼方英達；（四）夜奔：老生何文
基；（五）小宴（長生殿）：小生潘毓萱，旦胡惠淵，
丑周雞晨；（六）折柳陽關：小生方英達，旦梁瑞霙，
旦張善薌，老生蔣倬民，末徐炎之；（七）訓子：淨趙
友棻，付陳永福，丑陳厚堂，小生王洸，末蔣倬民。

散曲唱者：（一）迎像哭像：小生蔡宸雲；（二）
驚夢：旦雷寶華；（三）寫狀：旦奚志全；（四）彈詞：
外周雞晨，外王節如；（五）樓會：小生朱佩華；（六）
北餞：淨陳厚堂；（七）琴挑：旦王祖庚；（八）別母：
老生李宗黃；（九）折柳：小生倪大恩；（十）學堂：
末王洸；（十一）掃秦：丑狄膺；（十二）賜福：同場。

又有北方人陳志炎，為王健侯友，亦來聽曲。社友
來而未唱者為陳孝毅、張穀年、朱揆初、何範五、朱敔
春、陸佩玉、潘潤江、李遐敷、沈元雙、陳中一。又嚴
洪開曾唱刺虎。

雷孝實好飲，坐園庭中啜茗，不暢其意，余乃出威
士忌兩瓶，分飲寡酒。周雞晨亦好飲，四時許趙守鈺
至，則興更豪。孝實謂狄君武乃慷慨悲歌之士，其意祇
說慷慨。余初見孝實，即問在台北如爾我才貌雙全之士
有幾，乃泛指文行並茂或風趣與實學兩全者，皆斷章取
義。今日唱曲，以蔣倬民及徐小姐寄子及趙守鈺訓子為
佳。余被逼再三，唱掃秦數句，及後又同場唱賜福。留

客以三絲麵，諸人以坐地寬且有園景，均稱舒適，惜客
散時天雨。余送朱佩華、錢石年返，探斗尋人雀戲，無
願陪者，余乘原車返寓。

台北市崑曲第十六次同期通知
地點：西寧北路六號
日期：卅九年四月二日（星期日）下午貳－六時

任憙曾

狄　膺　謹約

徐炎之

附註：
請隨帶曲譜、樂器
歡迎代邀新曲友參加

4月3日　晴

　　中山堂聯合紀念周，居覺生先生主席，陳辭修報
告，歷一時許始畢。返黨部，祝兼生語余，余之請假條
姚容軒已批照准，而白上之以為不必作如是批，兩人意
見衝突，余擬調解之。在辦公室與李敬齋、王子弦談，
張福濱來訪，余未及細譚。回錦姪處飯，有雞血百葉
湯。回西寧寓，洪亦淵來請題攝影，有狀若范蠡一舸逐
鷗夷者，題七絕云：

霸主從來不放人，鷗夷一棹幾時真，
聊於史上開新境，借個西施諷大臣。

又有山長水遠,男女雙裸,女挺立持槳而男蹲坐者,題五言古云:

打槳兼作杵,擊水出均響,
郎試為我歌,莫令余心癢,
青山綿作城,碧水知何往,
沙岸石磷磷,翠竹風震盪,
天長與地久,自然足欣賞,
兩忘頃刻歡,咫尺雖俯仰。

題畢挾往榮元。余往南陽街十八號訪陸京士,伊因病久臥,胃腸有病狀,談唐忍庵為刮米處祕書,真是可氣。歸,往任志先處,請其勸白上之勿以為意。夜徐昌年招飲,談笑話多則,伊明午飛香港轉日本。余歸寓,浴後熟睡。

4 月 4 日　晴

晨八時步行至中山堂及中央黨部,九時政治考核委員會開會,李敬齋發民權亦為建國之首要要義。十一時散會,歸錦姪處飯,紅燒肘子外又有白燒肉,知今日起專賣加拿大凍肉。回西寧,得立法院送來四月餘款四十元,送俞松筠嫁女五十元未扣也。楊佛士贈余百頁九行格兩本。下午覆劉象山、陳幹興、孔鑄禹書,象山在香港二月,經商辦學,兩有不可,陳伯南招伊返瓊,余亦勸其往依。孔鑄禹經余介紹為海口中央日報黨股代表人。余作書關照陳幹興(名本),寄來詩二首:

庚寅元夜有懷君武台灣象山香江

碧天無際水無涯，幾度臨風動遠思，

江上晚峰青簇簇，雲間春樹墨離離；

惟慚鮑叔深知我，不遇劉歆更語誰，

案牘乍拋公署晚，庭松影裡坐移時（集唐人唐彥謙、牟融、韋莊、劉長卿、羅隱、皮日休、徐鉉、呂洞賓句）。

二年曾此揖清輝（去夏君武訪余羊石，冬初過瓊，重勞問訊），暮雪初晴候雁飛，

遠水浮雲隨馬去，畫樓新月待人歸；

但將竹葉消春恨，祇向詩中話息機，

兩意定知無說處，夢回芳草思依依（集唐齊己、高適、崔峒、萬齊融、韋莊、貫休、李山甫、李煜句）。

　　周至柔新兼參謀總長，來書請予籤指，以匡不逮。姚薦楠先生年六十八，特來二次訪友，中央黨部累伊坐久，余不安，伊面色紅潤。

4月5日　晴，天熱

　　晨到黨部晤白上之，亦不肯干休。余寫報告與常會，為視察黨史存放地點。九時首長會談，十一時散。本日陰曆二月十九日觀音誕辰，居先生領導之消災救國利生薦亡法會在中正東路一段善導寺諷經，余同秦祕書及鄺曼雲往參觀。章嘉活佛方休息，居先生方領導兩行居士唸佛。余感念親恩，愴痛幼殤，繳功德金二十元，請作先妣、先考及亡姪原濟、原海兩亡位。執事者留素

飯，未允。到鐵路飯店允正中書局編輯委員會招，立夫、劉季洪為主人，梁實秋、陳可忠、張其昀、葉青、羅剛、陳雪屏均到，菜以龍蝦為最。食畢，各人發表意見，余說正中清明四字。三時返，葉溯中來譚，坐園亭譚正中，為王豐穀抱屈，今晚亦舉行董事會也。夜飯食銀魚燜蛋，飯畢坐車得往仁愛路二段三十八巷七弄三號答拜方硯農、周文琪夫婦，文琪曾請馬詠齋燻豬腦進余，余適不在，云不及成都盤殤市透味。出，往尋戴丹山、徐香英，香英牙痛，更瘦。又往尋顧健德，知洪叔言病痙攣，逢人說神問教，蘭伯苦之，適在顧家浴，余送伊歸，贈病中所需二百元，蘭伯極痛苦。九時返寓，蚊多天熱不安，於燈光之下寫字，似夏至天氣，實今日僅清明節。浴後共王局長譚台北北方口味小吃。

4月6日　雨

半夜後覺寒，擁衾不暖，御袷嫌單。余為之語曰，昨天與今天只隔了一天，天氣大差異，一個象六月，一個象過年。九時常會，總裁主席，余報告萬斗六山可儲藏史料，總裁決：（一）今世界全球易於毀滅史料，決不移至國外；（二）派李敬齋為黨史會代理主任委員；（三）撥十萬元建庫。

十一時散會。當開會時，余坐陳辭修旁，余語以憲法一百四十條軍人不得兼文官，辭修即勃然怒，以為搗亂者所提出，且曰憲法是少數服從多數之產物，人家正算計我們，現日軍況嚴重，幾如南宋、南明，將相難以分職，且浙江、福建、江蘇等省主席均係兼職，改動

不易。余解說軍人不兼文職問題已久，不是因陳誠而提出，狄青為樞密使又兼平章事，爭之者亦多。辭修笑余因規之，凡與人講話先以官樣文章出之，不可先自氣憤，蓋既做了官便可以說官話，別人亦知其為官也，亦明白所說者為何，說話以外者為何。辭修又笑謂余內人見了狄先生，云是葉楚傖一流人，遇事可請教，因稱余官老師。余作打油詩云：

院長稱余官老師，官派官規我不知，
做官訣竅我知道，太負初心我不為。

黃少谷見之吟云：

君武好為詩，嘻笑怒罵之，
好佬他敢罵，好官他不為。

陳立夫車送余回延平北路第一劇場，見有福建戲戲招，云擬往觀。午飯試食凍豬肉，尚鮮，飯後秦啟文備車送余。邀錢石年及探斗夫人同往士林看蘭，以白色蝴蝶蘭、黃色串蘭為最美。歸途在大正町購菜，汽車門軋石年老伯左手中指，金約指處出血，可謂樂極出悲也。歸上埤頭，同探斗、慶澤彬（鈞甫）夫人、王為俊夫人、夏巇（森川）夫人打麻將。王為俊出差回，其夫人一種溫存體貼之狀，雖老矣猶令人羨。十一時回，余負。本日余得王彥存自香港轉來三月廿八日炳弟書，云胡斐玉又與其夫傅仞千離婚，來滬住家，行為不檢，

欲追償錫弟出國時之美金 1,770 元，具狀人民法院。又
云南京人已吃豆餅，買豆餅尚須排隊。又云伊之醫務收
入每日祇四、五萬元，糴二斗米不到。余念炳弟受不
得憂，恐頤甥在寧辛苦，為之不寧，馬將之所以不和
因此。

4月7日　雨

　　晨八時往黨部，九時財務稽核委員會開會，王子弦
主席，討論壽勉成攜款出國案，十一時始散。有責舉行
此會太遲者，實以搜集材料耽擱日子。又有責財務會一
年未開者，實以去年播遷，聞亦有狀況不明，余自海口
來，始積極促成此會。散會時張懷九先生送余，謂君武
真忍得求全之毀也。到中山堂，夏濤聲正在立法院場發
言。余對此案認新生報、中央日報不應作宣傳攻勢，而
鄭彥棻等不應特為緊張，余消極不出席，心中較安耳。
到中央信託局約孫秀武出外，三陽春食二冬麵。歸飯，
飯後臥，臥久，到立法院略坐，即回寓與錦姪講故事。
夜，張其昀來譚審定抗俄軍歌及文藝沙龍等事。夜，錢
中岳來同吃西瓜。得到劉振明書及王豐穀書。

4月8日　雨

　　晨往黨部料理各事，白上之亦來商議台灣監察委員
事。十時半出席立法院財政委員會，分財政、經濟、糧
政三組，每人參加一組，願參加財政者八十六人，今日
開會祇十餘人，可見實際工作之難也。積案以稅務為
多，參加者恐不易踴躍，余特為呼籲。十一時散會，余

步行回永樂菜場，購得油麵筋，頗厚實，露香瓜頗爽口。飯後雨甚，閉窗楠偃臥，頗為安適。初睡時閱報，工商日報之署名水心之西樓清話最為雋永。余閱至倦眼難抬時，急速關燈，拋所閱報紙與書於地板上，真舒適。

本日新生報有駐日特派員彭齡記、朱世明、劉紀文往日本茨城縣水戶市瑞龍山謁朱舜水先生墓廬。自東京至水戶境之長岡汽車須半日，長岡至水戶十里，水戶之瑞龍山七十里。山在茨城縣久茲村太四町，山勢頗陡，須換乘十輪卡車始得上駛。墓上有德川光圀題明徵君子朱子墓，管理員西鄉敏一。山下一廬舍中供舜水先生木象。附近有德川光圀之西山莊，為大日本史完成之處，舜水先生指導水戶藩主賴房二子德川光圀編纂大日本史。

本日中央日報附刊有葛建時有日本戰後社會墮落一文。

夜晚復至錦姪處，復講家中故事。飯後同秦啟文、任悫真、楊錫康同車赴上北投鐵道別墅洗浴，池水熱至，體能耐浸，硫磺味亦強。浴後舒適，蔡龍溪所泡茶為夏心客君新購，味亦佳。十時返寓，候明晨八時半朱佩華來候余赴北投。

上北投鐵道別墅，家具已布置一新，庭中已種有顏色之草花。

4月9日　晴

晨發香港王彥存、王豐穀兩信，並覆炳弟書。八時

半朱佩華大車來候，伊二媳及次媳外，皆崑曲同期中人。九時入士林觀蘭，有白色微綠之大朵及黃色微紫之大朵，諸人集水池旁攝影，水果之怪者為牛心梨。車再進為上北投，踰八勝園至航業公司之大高俱樂部，進門處轉車頗危險。入內，所藏書畫頗俗，惟房子甚多，浴池亦大。諸人唱曲數折後，同出至隔壁之法藏寺參觀，僧尼房極清潔，骨灰甏亦多，見一女尼正為新甏上供。出，同徐炎之父子到鐵道別墅索茶，自小徑往，途中風吹極大。歸後即開席，福建廚花色頗多而量菜料少，每人食一些即了，以蝦炸及田雞為佳，盡威士忌一瓶。飯後浴，浴後至濟南路一段成功中學出席溧陽同鄉會，遇楊古白，余叫他。宋書同及狄家小姐一人。余演說並捐款五十元。出，到中山堂為孫景陽子振強，娶工專同學毛佳福，沈百先證婚，余及楊佛士為執柯。振強，佛士之義子也。余發揮景陽獨立，不依傍陳家勢派之義。振強，景陽元配陳氏所生。行禮後食大菜，冰冷。同錢羽霄就石年丈家啜粥，麻將三將，打至夜深，余大負。余今日始覺聽覺衰鈍，同石年丈對塌，板床厚被，帳外嗡蚊疑已入帳，不能成寐。石年丈與談太倉文人，云蔣平階教國文可稱誤人子弟，但學生極多。伊亦瞿鴻璣案臨太倉時入學，惟與先君不是同案。

宣傳部長張其昀四月七日聘余為中華文藝獎金委員會評選委員會評選委員。

4 月 10 日　雨

晨黨部紀念周吳國楨報告，面浮腫黃，想是勞苦。

散會後舉行黨務考核委員會，李嗣聰主席，十一時半散會。回錦姪處飯，下午晝寢較久，起身時眼微紅。錦姪提一雌雞來，將寄存寓中雞籠，往視雞籠已空，前晚為人偷去五隻，餘兩隻星期日宰之。既不能獨養錦姪所攜來之雞，乃雇來三輪車送雞回迪化街，欲省事反多事矣。五時半應胡立吳三陽春之約，食醉肉，似非凍豬肉。六時至吳保容新寓食飽餃，攜錦姪往，紅燒肘子及黃魚之外皆不佳，吃西瓜又遇打水西瓜。出，訪李向采、孫秀武，歸途訪自定海回來之狄家銑於南陽街十八號三樓，遇陸京士。歸寓浴即睡。

4月11日　晴

晨八時即至黨部，候馮葆共不至。九時出席院會，江一平意將建議性質之案簽名往立法院，余持不可。下午二時黨團籌備會，三時立法院祕密會，葉公超報告駐日代表團不妥情形，殼坦白而不殼為國家忍辱負重，如有洩漏，機事不密則害成，悔之晚矣。余於上午十一時同束雲章往法會晤居覺生、李子寬、姜次烈、鍾槐村等，今日圓滿功德，余乃報恩拜先父母亡位，原濟、原海兩姪位列於下首，儻能相攜到臺受供，足彌生前缺憾。夜飯時蔡培元、朱育參來同飯，蔡述吳瑞生需再開刀（空醫 211 外科）。飯後同育參游延平北路金瑞山，金店離第一劇場不遠，生意最盛，不應夜市。回西寧，交通賀部長君山宴立法院交通委員會委員，尚未散，就中彭、袁、□三君上樓來譚。

得岡山空軍子弟學校狄慧齡書，伊已嫁謝長茂，杭

州相識，廣州結婚。

　　日間廖世勤夫婦來訪。

4月12日　雨，旋晴

　　國民黨清除共產黨紀念日，余極悼念段書詒兄錫朋。晨往黨部，九時半參與黨部負責同志會譚，余提議三十九年黨的經常費月銀元八萬元，中央、地方各半支用，黨臨時費年新台幣一百萬元已得二十四萬元，再應籌補七十六萬元，又解決職員要求向行政院看齊之火食津貼。歸錦姪飯，飯後臥。自西寧北路走至泉州街台灣省參議會參加大陸救災會，所難者為實物送達，余遇傅孟真、樊際昌、陸京士等。四時立法院財政委員會，請財政部長嚴家淦報告，余質詢公教人員須畫一待遇，不可偷偷摸摸，六時散會。八時出訪鄭味經，語以束雲章無辦理麵粉廠之意。又往同街三號訪李壽雍（震東），伊語我書詒周年，伊等曾集浦城街 16 巷六號段太太處作弔，又譚江蘇省指導委員會時代，酆力餘（悌）所用組織部祕書程某為余等所斥出者，後來竊復興社名冊與日人，致遭槍斃，力餘幾為所累。力餘過英倫時，震東為覓房，長談兩夜曾及此事。出訪顧儉德，不在家，知洪叔言思在醫院晤余。出，訪盧滇生，伊有書三十餘箱在台中空軍倉庫，伊子□亦在北大，思想左傾時送還皮袍，因憶公望南歸亦攜回余交伊及寧兒之皮袍，交還皮袍殆是接受共產黨刻苦之證。十時歸，浴後睡，閱石遺室詩話。今日曾晤于右任先生，將於三月三日約余等在士林修禊，余今晚曾約盧滇生。

答趙志成、范幼博書。

4月13日　晴

　　晨往黨部，得見香港大公報所印人民年鑑。得高越天書，將在港辦大陸新聞小日報。出，為趙志成入境證事，請農民銀行辦。晤查石村，得信紙兩束。出，訪洪叔言於小南門陸軍醫院第五病房，適叔言入睡，長鬚繃臉，一榻鄰窗。余懼其講話不休，不敢叫醒，乃退回錦姪處飯，飯後睡。睡起往中央黨部，向各省市路同志報告處分叛逆經過，請求協助。歸西寧，閱石遺室詩話，擬酌錄其論詩之做法者，其存錄人姓名及互為標榜之作亦有，無甚出色者。五時返迪化街，六時趙滋川、胡立吳來飯。八時為中央黨部預算及編置，開會之十時半，鄭彥棻守定現有人數，一個也不增加，余謂難以編成較合理之編置，余主編成兩百名（現為一百六十名），而用人則酌量戰時困難，請勿足額。鄭及馬超俊皆不聽。余爭之甚力，明晚續開會，擬不往矣。午後狄璉來，得晤，夜狄文英來，未晤，皆溧陽人。

4月14日　晴

　　晨同秦啟文三六九蟹糊麵，無鮮味。到黨部後即出席立法院院會，無甚要案，議案至午而盡，下午停開。余抽出，觀某某古畫展，多贗品。午飯後狄文琴來譚，歷二時許。少喪父，育於節母，祖父襄卿先生教之，在小學成績甚優。年十七適方，翁有妾娶媳所以慰妻，責文琴操作如婢，琴遂愛閱 CP 書報。溧陽查 CP 嚴，琴

至上海與讀書上海交通大學之方晤，方勸歸溧陽依母，
既而仍不理，乃往姚開第處，姚不以為然，乃往謁鄧季
惺，季惺命辦玄武湖托兒所，知其能。年餘，方來晤，
同事賀之，到滬而簽證離婚，方助以入幼稚師範讀一學
期，歲終又得人助，得又讀一學期，暑假到南京為某軍
人家庭教師，得資又讀一學期。至最後一學期，依上海
習慣所費最多，正躊躇間，而鄧季惺又來囑辦寧海路新
市區託兒所，於參觀人招待時識徐光冊。後琴改為新民
報任事，所識軍人介紹光冊於某軍，某軍開長興，琴至
漢口，徐君父責琴介紹光冊至失蹤。無何光冊自徐州轉
漢口，感情增加，乃結婚，生兩男兩女。現翁、叔、姑
俱在台北，所入少無以供養，思就總務事以贍家，思念
老母不禁淚落，亦震奇女子也。

　　三時入立法院晤張九如，同伊至浦城街六號陳宅，
於紅簿上簽名，今日為陳勤士八十生辰，陳含光撰壽
序。余於簽名時遇徐永昌，簽名後謁居覺生，先生云軍
事部署較前畫一，勝徵也。出，到國立編譯館晤胡博淵
及王節如北大女同學，云徐芳將參加崑曲同期。

　　六時飯，飯後到西寧北路待秦啟文飯後，走至臺北
車站，過天橋下梯，而汽油車刮刮開走。出尋得公路
車，啟文購票而余排隊，得直達新北投車。車棚燈壞，
車遇橋跳過，頗令余心驚。下車，走中線至鐵路別墅，
夏君來譚黎覺人家故事。余浴二次，召按摩，半瞽福建
人，按腰部最適，秦君亦稱善。今日本擬約錦姪同來，
姪痛經，未能享受此福。

4月15日　晴

　　晨六時起又浴，泉溫嫌高，不耐久浸，開窗納涼氣，不能止熱。浴後啜粥，望山中空曠，庭前安嫻花鮮豔。出八勝園下山，山溝水瀁瀁，而澗水灝灝。入公園，楓葉疏蕩。在雍園食鍋貼。乘汽油車歸，遇馮葆共。九時中監會政治、財政兩會聯議，王子弦主席，谷正綱報告壽勉成案。白上之來譚昨夜商議編制案，祕書處自 30 改 28，組織自 42 － 39，宣傳 23，海外 10，青年自 18 加至 25，監祕自 11 加至 16。散會後乃于右任先生處遇鍾槐村，于先生命開十九日三月三修禊名單，云如有漏列，君武之責也云。飯後臥，待客不至。張明煒、王兆荃（寄屏）來譚。至五時天將雨，又同王局長坐庭中。出，到勵志社，遇台南卓市長。六時半老立法院同人聚餐，到曾彥、陳紫楓、傅岩、陳顧遠、鄭彥棻、彭醇士、柳克述、李文齋、竇子進、祁志厚、鄧公玄、劉廣瑛、夏濤聲、王世憲、劉志平、吳雲鵬、黃國書、湯汝梅、廣祿等二十餘人。七時余至和平西路二段二十六號徐炎之家酒飯，趙守鈺攜二寄女五小姐、七小姐，餘為曲友。天熱，飲酒之後走植物園，諸人上中山堂觀沈元雙戲。余回寓，錢中岳來。

4 月 16 日　晴

晨黎子通來覓余，余方起身，伊候中央日報派事，至今未得，余同伊至子中大嫂處。有一子黎仲耆，原在胡宗南處第七器材通信庫第二所工作，自西安撤至梓潼及漢中，不知何往。有一女已婚者名傳水，在台北長途台工作，另一女黎融在延平北路大聯紗布行任職，今日見者為□□，二子皆肄業高中。出，到華山車站旁天津路見子通夫人及其子傳錚，所住房祇八席，環境欠佳。出，尋寶慶路邵學焜，未得，就黃振玉夫婦處說笑。午在錦姪處飯，飯後臥。臥起崑曲同期，朱虛白夫婦為主人，到齊如山、王世勛夫婦，以趙守鈺山亭及□□拾畫為佳，莫局長亦來參加。六時麵後至錢石年丈家取印，同羽霄、廖世勤、張君打十二圈，余小勝。歸浴，渾水已涼，睡得尚穩。

4 月 17 日　晴

晨八時即到立法院，九時一刻財政部公債司于司長來審查愛國公債案，祇到了余一人，臨時拉了王力航來湊二人開會，追認劉全忠後，至不知能同意否也。十時台灣省黨部黨務會議，余說林子超故事數則，午前攝影散會。宣傳部歌曲審查會余未悉，未到。飯後臥，崔雁冰婿林礎公來說梅必敬夫婦昨晚自台南解至保安司令部，恐又是秦福民等控告，姚伯英君亦來一電報告余。余請林謁京士、電話彭孟七，余為謁陳辭修，允與賀衷寒查商保釋，辭修以車送余返寓。天熱，解衣寫日記，身上已有汗氣。在中央黨部時覆高越天信。在汽車上辭

修語我敵大舉登海南，我兵力不如，可慮。

4月18日　晴，下午有風

　　晨食炸饅頭，咬他不動。到黨部了理公務，赴于院長處，伊囑往尋吳稚暉先生，請明日赴新蘭亭修禊。余至白上之家吃粥，白夫人為炒蛋。九時立法院會討論劉振東懲庸儆頑，請行政院列表報告，本院民刑商法委員會主張本案性質屬監察範圍，建議院會以質詢案送行政院。江一平、杜光勛及余皆偏重立法院議決法律案之規定，主張照審查意見通過，移此案重心于監察院，而多數人則重政治作用，存重心於立法院。至下午始用決議方式請行政院依法嚴辦，列表報立法院。午在中央黨部吃張其昀徵反俄歌曲飯，議至二時半方散。張默君送余往植物園江蘇同鄉開會聯誼，余簽名後往陳伯稼處小臥，伯稼因仲經病傷寒在醫院。余復入林業試驗所禮堂，吳稚暉先生演說云自三十七年十一月十二日覺腦際天旋地轉後，成為植物性動物。詞畢，攝活動電影。余即同束雲章歸院，有人囑寫康樂浴池招牌。回寓添衣，回錦姪處，伊傷風，有寒熱。返西寧，覺無聊，所有時間皆為黨消磨殆盡，審查歌曲須費星期五、六兩夜，真無法辭謝，于先生又不知我忙苦，教余送請客帖，余若甚閒適者，荷花好看蓮心苦，此之謂也。夜同秦啟文游西門町，得印石二方歸。

江蘇旅台同鄉題名敘

　　此為江蘇旅台北人士於中華民國三十九年四月十八

日下午三時至六時，在植物園林業試驗所禮堂聯誼茶會
題名，總為一百四十一人。朱君文伯報告集會大意，吳
先生稚暉述其個人身體狀況，云自卅七年十一月十二
日覺腦際天旋地轉之後，經休養得愈，雖仍健飯健談，
但聽力減退，尤艱於步履，成為植物性動物。先生時年
八十有六，齒德最尊，語多詼諧，闔座傾聽焉。嗣舉行
園游會，會眾散步樹林間，坐者、立者、對話者皆攝入
活動鏡頭。最後唱崑曲數折，所以和鄉人之意，通各縣
之情，合少長之力，以期撲滅共匪，制服蘇俄，早日光
復江蘇全境，解除鄉人痛苦。會眾心志合一，誓抵成
功，而吳先生之堅決反共之主張實領導之，尤足遵從，
欣幸也。

太倉狄膺敬記

4 月 19 日　晴　陰曆三月初三日

　　晨六時半即起，天氣晴朗，略有風。九時監委會常
會，到三十人，討論極周到，十一時散，余復至立法院
參加財政委員會。十二時飯，飯後尋楊佛士不得（佛士待
余在西寧北路，而余候之於迪化街，且到黨部尋覓），
往南海路候盧翔競到士林。于先生、賈煜如作主人在新
蘭亭修禊，到者甚多，飲竹葉青、紹酒，食醬肉、露蛋
等，臺灣人送糯米鼠，□餅一種，似繭團而大。盧滇生
攜來北宋拓蘭亭序五字不損本，但其他字模糊者甚多，
有丹陽丁以誠寫汪中象題頌文，四十二歲象題曰：「嗟
余薄祜，居賤且貧，晚獲此寶，期歿吾身，存莫之奪，
亡或以殉，哀而聽之，實惟仁人」。汪象圓面掀髯戴

笠，余所未嘗見焉。有乾隆五十年八月江都汪中審定，
題曰今體隸書以右軍為第一，右軍書以修禊敘為第一，
修禊敘以定武本為第一，世所存定武本以此為第一，在
于四纍之上，故天下古今無二。有嘉慶壬申孫星衍觀及
道光八年阮元觀及翁方綱八十四歲跋，語述卅七年前與
汪容甫賞析金石於秦淮驛館。端方於光緒三十三年丙午
跋云此帖發明於江都汪氏，繼歸鍾君淮（字小亭），曾
刻石藏焦巖。吳熙載寫汪中長跋，張午橋在揚州以三千
番蚨易得之，歲丙午江北大水，張氏子願以是帖換二千
番蚨助振，遂留是帖於端方處。適景樸孫都護南來，一
見忻許，初以為是神龍刻本，詳加諦審，乃確定為會稽
真本。光緒丁未完顏景賢跋云此拓如輕雲籠日，引續時
發云會稽本清勁而深嚴，定武帖綽約而韻勝，竟說是會
稽本。獨光緒己丑順德李文田跋則云定武石刻未必晉人
書，以今所見晉碑，皆未能有此一種筆意，此南朝梁陳
以後之跡也。又云古稱右軍善書，曰龍跳天門，虎臥鳳
闕。又曰鐵畫銀鈎，故世無右軍之書則已，苟有之，必
其與爨寶子、爨龍顏相近而後可，以東晉前書與漢魏隸
書相似時代為之，不得作梁陳以後體也，則懷疑其字。
又引臨河序及擬金谷序，並疑「夫人之相與」一段是隋
唐間人知晉人喜述老莊而妄增之，與右軍本集不相應，
則並懷疑其文。余觀唐太宗時寶貴此帖之史實，非梁陳
偽託者所能偶得，而行楷折轉章草已露其端，未必晉人
不能作此一體。李文田跋跡近武斷，且諸王字體相類，
豈能全數是假，此為定武本宋拓，翁方綱所書者不誤。
既自士林歸，錄前人題跋，既竟發此論。

　　五時走和平東路尋永康街，為永康街之底，嗣後應走信義路二段。還盧滇生以汪容甫所藏蘭亭帖，又得見李北海雲麾將軍碑，極有精神。於盧家遇周君亮、王唯石、陳景陶，正打小麻將。

　　六時往台北賓館應婦女宴。蔣夫人講一故事，甲生問師可否於看書時吃點心，師不可，乙生問可否於進點時閱書，師允之。以說話技術論，伊幾如甲生。男女到者約二百餘人，自助餐得飽。賀君山語我彭孟緝正式報告梅必敬夫婦通匪有據，余託陸京士詢問確實與否，再定應救與否。夜飯後觀舞踊電影一回，而歸女人會場，遇陶曾穀、費俠、江學珠。見高山族婦，面上刺青三角者，又有穿新娘舞踊者，樂不配舞，一無好處。歸後上下樓梯數回即睡，自前晚至今三夜，無水洗浴。枕上閱雲間兩徵君張錫恭（字聞遠，號殷南）茹茶軒續集、錢同壽（字復初）待烹生文集，皆前清遺老主張孝道者。

4 月 20 日　晴

　　晨八時半至黨部，九時常會，總裁主席。俞鴻鈞報告黨營事業，除孫科、程思遠、梁寒操等常務委員職。十一時散，吳禮卿勸余勿灰心。李君佩贈余玉章一方，文曰「飛花入硯田」，刻法生動，玉亦古白。飯時錦帆寒熱已愈，食露香骨汁蒸蛋，真是美味。下午睡，天熱，癬作癢，至為不適。作致郁凌飛書，詢梅必敬夫婦究竟。余今晨晤賀君山，請伊派定一人注意梅案證件是否確實，以期無枉無縱。四時半將出，天有雨意，與王健侯談，頗愁海南歸途。入永樂市場購風肉、紫菜及油

麵筋。夜飯後赴黨部，疑今晚審查歌曲，至則不是今
夜。回鐵路招待所，同任憙曾及陸士岩（崇明人）到新
北投自治會館浴，食西瓜，作吉卜車來往。回時遇風，
去時曾往接李向采夫婦，方夜飯，恐客久待，謝不往。
夜行有風，不往亦佳。

4月21日　晴，下午雨

　　晨院會。午江蘇省立法委員在吉茀娶餐公宴顧墨三
夫婦。余於王大吉遇羅新薇，新薇導往吉茀。二時返寓
小睡，三時院會，五時江陰陳桂清來寓談江蘇省事，出
門遇雨。夜飯後往中山堂參加黨政軍晚會，報告節目之
女子笑容可掬，戲以林冲夜奔及鳳還巢為佳，演至一時
始畢。遇鄧雪冰夫婦，余姪女原湛亦往，未終局即歸。
在戲場聞海南捷音。

4月22日　雨

　　晨到黨部，黃仁言來託修書溫崇信謀事。十時送王
子弦歸。到戴丹山家託其注意梅必敬證據是否正確，又
到顧儉德家問洪叔言何日返家。中午回錦姪處飯，飯後
黎子中夫人攜女傳水來談。黎大姊八月喪母，育於祖
母之姨太太，嫁史壽白，雖有學問而性情不佳，生五
女，僅幼女為醫者知孝養，今年已六十六，可謂苦命。
黎去，唐夢華來譚，璜涇廟宇拆除，城隍廟改造倉庫，

有許多人看守，龔敏齋自城發還璜涇，將受民眾公審。
伊之祖母唐青來表伯母於三月二日陰曆十二月十七胃氣
痛，痰上湧而逝，年八十一。夢華囑謀事，余引之往京
士處，請其作書介紹。余同朱育參北京館食鍋貼。夜應
省黨部夜飯，遇彰化市黨部常任監察黃容，年六十三，
為舊同盟會會員。八時至十時，到中央黨部閱抗俄返共
歌曲，同張其昀、道藩、胡一貫、鄭穎夷等。回時天雨
甚猛，張壽言語我海南捷不如所傳之盛，有我方飛機不
能降落說。

　　青來表伯母曹氏住璜涇南衖，為曹應笙之妹，撫子
乃衛、乃栩、乃需，乃需為遺腹子。治家謹嚴，極有才
德，先君每稱道之。前年八十壽，余自蘇州趕回奉觴，
精神甚好，不意其不能再延，余聞之悲悼。

4 月 23 日　星期　雨

　　晨擬往上北投洗硫磺浴以殺臀部癬菌，天雨乏伴，
乃往近處美容院理髮，不吹不油，止需兩元半。出，坐
車往耀錦寓，先食雞蛋兩枚，嗣相笑談，且笑且煮菜，
十二時飯。本日聞海南有變局，投降者係偽裝，竄入
海口市，我軍撤至榆林，真是意外，人人不樂，余更悶
悶。飯後坐三輪車到建國北路女子師範，即可轉至探斗
家，與羽霄、藕兮、慶夫人打小麻將十二圈乃返。南維
嶽（登嵩）持立夫約，明午在喜臨門共吳大鈞、劉季洪
飲。夜與之相晤，泛談正中各事，未及王豐穀事。劉汝
明（子亮，河北）、狄君毅來訪，未晤。本晚浴池水頗
熱。晨覆王豐穀書，伊已到錢山處抄件。

4月24日　雨

　　晨黨部紀念周，嚴家淦報告財政，以台灣日治後數十年財政、經濟狀況作證，以經濟力量培養財政，以財政力量支持經濟。日治時期糧的最高額為一百四十萬噸，糖則為一百四十一萬噸，去年糧為一百二十萬噸，糖則在六十萬噸左右。散會時，余與談愛國公債，知宋子文、孔祥熙尚未認定。十時，吳祥麟、孫桂籍在立法院約薩孟武、杜光勛、江一平、陳顧遠、楊幼炯、張慶楨、陳海澄、夏濤聲、王世憲等交換意見。關於提案，余主張個人不提案、少提案，祇提法律案，但在院中對於提案勿規定約束，祇以議事經驗自己教育自己，使個人知何者應提，何者不應提，如是而已。蓋立法委員有權修蓋憲法，憲法包涵甚多，不可謂在修正憲法時無事不可問，而在平時則祇可提法律案。又關於收支系統，有由中央立法而中央行之者，亦由於中央立法而地方行之者，其內涵亦甚多，不但討論條文，並有原則上之決定。惟關於重要政策，則宜在決定政策時提出，不可隨時提出，又不可強行政院以必從。至憲法上所定之提出於立法院重要事項，論法應受立法院為最高立法機關代表人民行使立法權之拘束，論事實則重要事項釋為不可知之事項為便，因憲政正在學步之際，宜有所概括也。至處理提案程序，余謂：（一）宜設一提案參考室，遇某委員有意見時，可為之搜集材料，製成合理合法且可行之提案；（二）所提案不一定立即議決交政府執行，可有較長時間之研究；（三）已頒法律之檢查、廢止、改正，宜為立法院之經常工作，而藉此與各機關、各社

團交換意見。午時南維嶽、吳大鈞招余喜臨門西餐，中式菜尚可，目的在說明王豐穀黃金及旅費事，余但求其了而已。下午臥，下午三時到中央黨部參加經常及事業費審查會，余說明監會事業費應略增，而經常應酌撥活動費。六時回錦姪處飯，七時〇五分同秦啟文自鄭州路乘汽油車赴新北投，步行至上北投浴臥。雨聲澈夜，溫泉熱度適宜，余浴二次。

4月25日　晨有晴意，既而仍雨

　　起身後復浴，浴已走新北投，點心店無開門者。遇一回空車，斥十元歸北門寓，食粥之後到武昌街一段城隍廟樓上參加蔣養春週年祭，夫婦二影嵌花圈中，慘極人世。余遇蔣鼎文、蔣孟樸、柯樹屏、劉季洪、陶式娛等。九時半立法院會追認愛國公債，余曾上臺說明。十一時永新胡鈍俞來譚。午食餛飩，下午二時江蘇省立委選資格審查委員，相菊潭與余各五票，抽籤余當選。三時至黨部，遇祝紹周、閻之健、沈健飛、張書田，閻君頂小兵名，衣食不周，有厭世意，贈以五十元。天雨，壽賢遣人以車送余歸寓，壽賢已得駕駛護照，余為保人。雷孝實、盧熟競皆寄來修禊詩。余連夜欲追悼蔣養春，成詩數首。

　　夜飯前同陸副處長冒雨赴探斗家打十二圈，余負。

4月26日　似有晴意，既而仍雨

　　晨到黨部，九時小組會，為四行兩局查詢事擬開座譚會。十時及下午三時半至五時，立法院為提案事譚

話，陳紫楓主席，余未發言。在下午立法院三十五號席
上，余右車上顎落一齒。談龍濱、劉文川來告已經總統
府任用，五月初可來台北工作。余為問江學珠有空屋
否，答言無有。文川為余製鞋，腳寸一大一小，均能穿
得，夜為講老鼠救象事，伊等亦助武進同鄉六人當兵覓
業，亦得人誠心擁護。得戴貢三四月十二日書，陸誦芬
師去秋卒，陸禮門亦卒。璜水正欲建造校舍，共黨譽為
江南七十餘校之冠。沈禹昌及桐生表弟頗辛苦，震弟晨
茗暮酒，雖困乏亦瀟灑。楚良之子，貢三名之曰家鵬。
余西宅住兵已走，桌椅拖散不少。豐哥家住兵。顧柱國
到璜借糧，璜涇市面蕭條，六門三關。陳裕豐、傅信
大、大來等花行皆已停業，地主大戶斷炊不少，鄉人吃
麩皮者屢屢，阿陶生麵店生意清淡，質味亦變。

4月27日　雨

　　晨雨如注，到黨部後閱歌曲抗俄反共頌、台灣進行
曲等，無絕佳者。九時半同白上之、林成根、王介民往
新生路視卷房。出，到台灣省黨部參加山東人對張天佐
（仲輔）濰縣抗共力竭自戕二周年祭，于右任、居覺
生、何敬之、王化南、姚容軒、崔震華均到，裴鳴宇主
祭，趙公魯報告事跡，陳輯山率遺族致謝。出，到圓山
臺灣旅社訪陳伯南先生，伊神經受刺擊，須長期休養。
余晤黃麟書，有意學詩。自撫順街返涼州路，路極近。
飯時試食豆豉蒸肉。飯後丁溶清來謝經濟部已得重用，
吳瑞生來謝開刀得愈。

　　四時車停漳州街鐵路旁，余訪武葆岑，病臥未見。

訪何芝園，不在，夫人已往香港。到金銓凌紹祖家，凌陪余走漳州街尋航空宿舍新村第一村 A 五號六十六房，見顧振宇夫人及其子。出，至泰順街鄭味經家飯，有油燜筍及豆腐，譚靠頗適。出，至八號訪孔凡均夫婦，虞夫人得涉外消息頗多，殊為徬徨。出，到顧儉德家，伊夫婦用吉卜車送余返寓。在樓上下座飲茶。南維嶽送來正中書四十五冊。

4 月 28 日　晴

晨到黨部，昨王介民尋卷，得明故宮購地及中監會建築及首藺園購地各卷宗，中央信託局購汽車帳單未尋到。九時到立法院，委員出席竟至三百八十餘人，選舉經濟審核委員竟然有請託運動，可發一笑。江蘇人徐銓當選。中午束雲章、楊管北請江蘇立、監委及顧祝同夫婦，仍在吉莆菜，味不如上次，余講笑話一則。二時第七區分部黨員大會，在中央黨部舉行。三時院會，討論懲治貪汙條例，余發言二次：（一）問審查時請司法行政部及最高法院列席說明否；（二）新增條文第四條，視所得財政，在五百元以下者處七年以下徒刑。於是有福建王委員主張五百元以上者三年以上七年以下，五百元以下三年以下。余謂刑法侵占詐欺等罪只論行為，不論所得財物之數目字，以數目論刑度恐不妥貼，主重付審查。夜飯後，八時至黨部中央委員譚話會，聽蔣經國舟山回來報告，其大意謂匪的危機：（一）無生產；（二）事實昭彰，不能說與蘇俄無勾結；（三）內部動搖。但匪亦能收拾民心，穩定物價，我們雖得人心思

念，但所有工作未能迎接上去。照匪建設情形而論，建築自漢口、貴陽至曲靖之標準公路，□□至福建之標準公路，天水至蘭州、哈密至迪化之鐵路，蘇州及常州之飛機場，此其勢不是祇攻定海，而是為準備世界大戰，如攻台灣，軍隊不自從浙江、福建來，而自從青島來，配合海空，定有大戰。空軍在上海、在徐州有轟炸機四十架，係蘇聯駐在蘭州、西安的飛機，能為空中游擊。我舟山有利點：（一）地方小，兵力集中；（二）離台灣近，易於接濟；（三）無土共；（四）民心士氣可恃。但亦有危險：（一）內應路線難破獲乾淨；（二）糧食艱難；（三）兵士太苦。經國舉民心士氣可用之故事甚多。十時半回寓，聞秦啟文赴上八投，同任慈曾追汽油車不得，乃歸。狄兆麟、狄澍、狄介先來訪，未晤。

4月29日　晴

晨至黨部核調查表，並評歌一首，有譜者似無好歌。十時立法院財政委員會，余主罰鍰應由法庭裁定，強制執行更應由法院來執行。午時返，下午臥起，極無聊，關門閱舊日記。黎子通來歸還二百元。寓中薙草，修防空洞。夜約人至上北投，任德曾願往，而無人再願往，乃止。同秦、陸至錢家打八圈，余小負。夜戶口總檢查。

下午吳道一來譚。

4月30日　晴　星期

　　昨晚人口總檢查，自十二時電燈熄三次，即等調查人到，不敢入睡。豈知候至天明，始有四人來查，不必個別見人，即在身分證上蓋三十九年總檢訖章了事。路上斷絕交通至今日九時。八時後余至對弄錢中岳處，見其去年購得今年開花兩箭十一朵之大蘭，黃瓣紫心，託葉含露，十分美滿。案頭置有古籍，惜庭草不除耳。九時聚顏叔養寓吃茶，九時後錢、顏、沈計中、章甘霖及其子步行至中山堂後觀蘭。又走博愛路，遇鈕長耀，同謁鈕惕生先生。長耀談共黨以鄰家雞蛋獎一雞於三十日中間產蛋二十二隻人家及看金一兩故事兩則。惕生先生譚松江人已吃紫雲英。出，遇許靜芝夫人於路，知靜之在洪陸東家。出，到植物園，入一角蒔花甚多，繞塘側，天微雨，有何公墓祠，植物園成立時特因捐地而為保存者。植物園在日治時頗精心布置，四年來頗頹敗，同游者惜之。回寓飯，飯後得熟睡。睡起赴探斗家，與王君夫婦、探斗夫婦、羽霄及張君打麻雀牌甚暢，余小負。十一時返，食西瓜，浴後睡。

　　昨在中山堂前遇葉秀峰夫人，伊二子全殤，秀峰別有所戀，精神頹沮。余勸慰之，余謂余二子精神上亦睽隔，倘娶了共產黨人為媳婦，余家頓等於零。葉夫人祝余不至如此。

5月1日　晴

　　晨至中山堂，同祝毓、胡光炳同至三六九吃肉麵。九時參加聯合紀念週，何敬之主席，吳國楨報告。散會，到黨部處理雜務。回西寧小休，至錦姪處飯，本日晨鐘撥前一小時，錦姪煮菜不及。飯後臥，頗倦，至兩點半始起。題四月十八日江蘇同鄉聯誼茶會題名，交洪亦淵帶去。五時訪趙韻逸，得雙黃蛋二枚。六時赴公園台灣廣播電台評歌曲，夜飯後又試唱二十曲，歌及譜皆無最佳者。同鄭穎生、戴粹倫飲白蘭地，講笑話。十時偷回，過中山堂，話劇正酣，明晨院會布置將在深夜矣。陸以灝同錢羽霄來，未遇。天氣夜熱，赤身流汗，浴池水幾沸，冷水難得，浴時頗受累。

5月2日　晴

　　晨院會，討論案無大意味，拉杜光勛來譚天，論及職業代表、軍人兼文職、不尊重地方自治，皆為本黨放棄自己主張，敷衍從人，而至進退失據。杜君詢黨團組織之內容，余約略告之。又譚及杜君等主張提法律案而不提其他案，並論及其他案之不合，有人稱之曰議案綏靖委員。余謂綏靖是第二步，第一步功效收在整肅也。談至中午乃別。下午顧振宇、楊寶儉來譚。余閱蕭英「我是毛澤東的女祕書」。三時半院會，關於變賣財物一案，余主重付審查。夜飯後獲炳弟及綴英書，知綏芬在瀋陽醫院，延吉在蘆溝橋種田，萃弟將往冀東種樹，而公望生活清苦，一家四散，為之不樂。夜致錫弟、炳弟、綴英、豐穀、陸幼剛書，又覆炳弟等一總信。天氣

炎熱，始展台灣蓆。枕上閱工商日報，共匪直接向巴吉斯台購棉，香港棉市為之打倒，又徵收第二期公債及營業稅，逃出人益眾。

5月3日　晴

晨至黨部，九時開常務委員談話會，商下星期召集四行兩局一庫負責人談話會程序。十時散會，赴立法院參觀徐德先攝影展覽。過中央信託局訪何墨林、賀其燊，又同孫秀武閒譚。飯時蒸糟魚、蒸蛋、素黃蟮皆可口，飯後臥。四時出訪何縱炎於桂林路 101 號，五時同錦帆坐車到和平東路二段 114 弄楊寶乾家，食糟鵝、臘肉、百葉包，十時方回。天熱，酒後不可為懷。

5月4日　晴

晨常會，余於監察工作事業費之百分比主張佔百分之六，又請另於經常費中略撥中監會活動費。余發言戲作一聯云「花圈祭文執監平等，經費人事兄弟偏枯」。又引周柏年先生語云，機關不能經費太省，太省則不得人擁護，必有人主張取消此機關者。眾聞之解頤。十一時散會，歸耀寓，又得貢三四月五日書，職校學生已將嶽廟曹王殿水木料移至西塔後操場，三日工夫將嶽廟夷為平地，所擬建築靠西，與門埭樓房，依樣接兩上兩下，依大殿復接平房一大間，中間朝東起兩間平房有廊，囑余寫信金耀東疏通讓地。余飯後作致金書，並覆貢三。五時在中山堂和平室參加北大同學會五四紀念會，林彬主席，羅志希、傅孟真及余有演說，聚餐每客

八圓，彀飽，餐時陶希聖報告世界大勢。散會，立法院正布置，明午招待美國記者團午餐，朱佩蘭以力竭無人襄助而淚落。

5月5日　晴，下午陰

晨赴中山堂五五紀念，總裁親致詞，中央委員到者不多，不豫悉總裁來也。十時半院會，於法律案在二讀會進行中，全案得重付審查，余請研究一部分當前不能決的問題，亦得交付審查。十一時美國記者訪華團到院旁聽，郭志峻正報告省縣自治通則，余正在三樓閱洋文歡迎詞稿，而大廳拍手聲起，劉健羣致歡迎詞嫌長，翻譯時人聲嘈雜，亦聽不清。諸委員恐不得飽，客人未取碟叉，爭先搶奪，嫻於西洋禮儀者大窘。蒲立德因事未來，讀者文摘之記者賴爾夫華雷斯昨演說美國政府所決定之對華政策多有負於中國。飯後回寓休息，天仍炎熱。夜在漢口街一段花月酒家舉行舊雨新集，出東者廣祿、陳顧遠、陳海澄、傅岩、朱貫三、曾彥、李文齋、湯汝梅、黃國書。下午院會，余往聽各委員發言，本擬嘿爾，又譚到自治單位似從鄉鎮起，余上台說明總理以縣為自治單位之要義。六時到花月酒家，係新開之料理店，一上一下，黃國書欲盡地主之誼，由伊一人請客，出東諸人中湯汝梅、陳海澄未到，已離院者到林彬、張肇元、趙琛、王培仁、倪炯聲，新補者到陳洪，同事到夏濤聲、王秉鈞、竇子進、鄧鴻業、鄧公玄、陳紫楓、吳雲鵬等。席地而坐，女侍斟酒，作日本台灣之歌，余講笑話兩則乃返，女委員傅岩不耐久坐先退。歸西寧北

路六號，陸以灝、邢蕊梅、錢雨霄挾卷件來，商廣播公司董事會與台灣廣播電台職權如何畫分：一、已經吃過苦頭，如因人事更迭，恐全無經驗，又從新吃起；二、彭精一副處長來時不合法，赴港亦自由，宜予查究；三、南京未運出之器材，因萬國輪噸位不彀，上海損失修理廠及□…□，幸定貨皆改由基隆登岸；四、邢君經手金條三十七條之簡略帳目及□…□；五、重慶無人負責，故帳簿等未及攜出；六、購地卷幸完全；七、工程頭惱之人與行政衝突，工程人員與工程人員亦不一致，因管理不善，損失亦多；八、如以廣播電台創辦之基金外匯及器材運用得法，富可敵國；九、吳道一自身廉潔，吳保豐初亦廉潔，後因妻圖享受，始由公家蓋房布置家具；十、譚至十時始別。余浴，浴竟赤膊寫日記。

　　吳雲鵬述蒙古諺：貪饞廚子懶做賊，既懶且饞做拉嘛。

5月6日　雨

　　晨至黨部食粥，厚粥酸菜，了無好處。九時財務稽核委員會，討論黨營事業，十一時散會。飯時食雙黃蛋、魚圓。飯後坐車到錢家打牌，余微勝。夜十時返寓，林礎公來尋余，為保梅必敬事，未晤。侯家源遷來住宿。

5月7日　雨

　　晨□□□來候余，同往三六九食麵，湯嫌冷，豬肉有膻氣，魚亦不鮮。食畢，同乘六路車至上埤頭同王太

太、探斗打牌，余終日順手。飯時有拌黃瓜，絕嫩，又
有炒魚絲，竹筍絲粗如肉絲，嫩如雞絲。秦啟文以下午
兩時來，見余等已成局即行。六時許盛熹曾來電話，云
鄰長太太囑看顧正秋戲，不知何故邀請。十時歸寓浴。

5月8日　晴

　　晨中央黨部紀念周，倪文亞報告金門觀感，倪君輔
自金門歸也。散會後為孫敬先補助費與鄭彥棻商，敬先
為監察員，於例不甚合（自帕米爾來，向中央之心極
切）。下午同王化南、姚容軒赴松山機場，監察十飛機
運米救濟大陸災胞。遇劉瑞恩，久已不晤矣。救濟米每
袋十公斤、兩重袋，據云經試驗效果最好，輕則打擊飛
機尾巴，薄則袋破米散。今日所運投蘇、浙、皖，不知
投到太倉否也（結果投到崇明島）。三時赴善導寺參加
夏敬民公祭後，同化南赴上北投鐵路招待所浴，浴後王
化南歸，夏管理員請吃咖啡及自製圈穌，既而同夏君及
姊及吳姊丈至新北投，登溫泉里上奇巖山，見稻經風
吹，起伏如浪，大屯山巔之雲與山坳間之野燒之煙浮白
飛升，頗為美觀。過山角後樹木漸茂，有相思樹開黃
花，葉如夾竹桃，頗靜雅。樹林深處為曹洞宗中和寺，
寺倡於二十年前，有塔藏骨灰曰靈光塔，平日常局，寺
宇布置亦俗，余主不入。余等至某洋房而折回，洋房之
近處有大洋房，大洋房之左有日人所鑿防空洞多處。散
步時與吳君夫婦談留德狀況，吳君亦曾至格勞諾白晤梁
彬文，又曾宿山洞梁穎文寓，遇見穎文之胖兒子，云胖
兒子已赴美國。下山有一捷徑，可至老北投。余入何子

星寓，值其妻病，家中無菜，乃往四川館飯。飯後伊送余往登山之路，自後余獨行外山路，路廣易認，至八勝園始有燈光。回招待所浴茶，與夏君譚，閱梁啟勳曼殊室隨筆。十時秦啟文、陸味初來伴余，余已入帳傴息，正是我倦欲眠，竟未起床。半夜又入浴。

5月9日　晴

晨入浴，飲奶粉沖。走新北投車站，得野雞汽車，三人十圓。回時尚早，劉文川贈雞蛋二十枚。談龍濱來譚，將赴台中就果夫前寫中央政治學校校史，曹聖芬所命也。八時半到黨部，九時半立法院院會，下午亦院會，均討論省縣自治通則。兩餐均在錦姪處，又值其痛經，今日燒風肉又過爛。台灣人今日過節，謂之過爸爸。

晨在院中與陸京士譚二事：（一）梅必敬供經陳誠送余閱，看所供亦不過知情劉敬宜將叛，及其弟及內親投共而已，請京士設法；（二）託寄港紙千元，京士允於十五號赴港帶去。下午習文德自港來，云京士夫人後日可到台北，京士不再赴港，千元擬託人帶港。

前日立法委員敘餐，有人云洪瑞釗（君勉）肺病云歿，昨晚與何子星在新北投四川館譚王撫五師（星拱）傳已不在人世，二人皆與余交好，聞之心傷。又周枚蓀經與共產黨理論被斥，子星云尚在人間。余云周君之於國民黨，非似我輩之幾諫不從，涕泣以從，但其與共產黨論理，豈非發獸？夜李涵寰自榆林來，云撤退時落水死者極多，每船均載爆炸物，一船火，餘船不之救而逃。午遇姬鎮魁，云王家槐已自海口來此，劉象山入境

證經伊寄香港。

蕭英撰「我是毛澤東的女祕書」，記云一九四五年七月二十一日爺台山事件爆發，國共內戰開始，八月十四日日本無條件投降，延安正開軍事會議，毛澤東在席發表譚話云：「在抗日戰爭中，我們政策是養精蓄銳，保存實力，發展自己。現在勝利了，時機已成熟，我們已有相當大的武力和許多根據地，國民黨反動派已經元氣中傷，我們應當利用這個時機從民族戰爭轉到階級戰爭。我相信革命的前途是樂觀，何況我們還有偉大蘇聯的援助和鼓勵。」

5月10日　晴

晨了理黨務後往立法院財政委員會，為無毒酒精攙水徵稅，余不贊同，為商討財政全盤措施，又主慎重，並先徵詢行政院長意見，曾兩次發言。午歸膳，有蒸臭豆腐。下午三時監察委員會譚話會，政治考核、財務稽核兩會委員、常務委員、黨務稽核主任委員、監察院長、監察院查案同志、行政院長、財政部長、經濟部政務次長，聽取中央銀行俞鴻鈞、中國銀行徐柏園、交通銀行趙棣華、中國農民銀行趙葆全、郵政儲金匯業局何縱炎、中央信託局何墨林、賀其燊、中央合作金庫汪茂慶報告淪陷損失、叛變人員及現在業務三種狀況，頗為詳盡。王亮疇、張懷九兩人分任主席。五時後休息十分鐘，進水果餅干，談話至七時半始散，嚴家淦車送余回錦帆處飯。夜飯後準備娛樂，湯文輝、唐孟華來談，錢石年丈亦來譚。秦啟文約余中山堂聽廣播電姚善輝

（慰伯）發起之義務戲龍鳳呈祥，演至十二時後。走
回，浴睡。

5月11日　晴

　　晨八時往黨部，九時常會，總裁主席。余爭監委員
事業費，或為兩個三萬元，或每月給活動費三千元，總
裁答以後再商。派李樸生為海外部副部長，以陳慶雲、
賴景瑚、戴愧生皆先往外國而報會，茲欲停賴璉職，不
平者甚多，余附和鄭彥棻說，以李樸生代理部務亦未通
過。是時總裁退席，白健生為主席，余又言及私人往護
照出國時，稚暉先生意可從寬准許，審查護照之委員亦
主是議，下次討論。余共發言三次，似過多。飯後又往
黨部審查養成民主風度扶助地方自治訓令黨員文告，五
時回寓，致香港孟尚錦書，寄去致重慶李逢生信。夜飯
後，余往尋黃振玉，得見五四時代照片：（一）許德珩
等釋出，余拍手；（二）余釋出，同易克嶷、劉仁靜、
孟壽椿、陳邦濟諸人同攝。振玉外孫十月能行，甚為有
趣。八時正中編輯會在公園舉行，十時歸，中山堂又有
夜戲。

　　昨、今兩日，伍士焜來晤。

5月12日　晴

　　晨八時即到立法院，嫌早。九時陳誠、嚴家淦、陳
良報告總預算。十一時半，余回錦姪處，今日煮紅燒
肉，頗美。下午睡，極倦。陸福廷來譚時局。醒後，黎
子通來磨墨，余寫維他汽水廠及臺灣廣播電台招牌。寫

畢已四時，不願再往立法院，往美容理髮。夜飯後出水門，臨淡水河觀落日，台北橋兩塊各懸青山一堆，頗為美觀。自貴德街回，頗有茶商巨廈。余約啟文赴北投，伊體倦早睡，乃不往。林礎公兩次來為梅必敬夫婦事，京士已晤其中人士，還余陳誠信件。軍法官又命礎公往台南提抽有關文件前來證明，似已稍鬆矣。

夜朱育參來譚，伊擬離台往新加坡教書，遲疑不能決。

5月13日　晴

晨到黨部，十時至立法院財政委員會檢討全盤財政，嚴家淦、任顯羣報告甚詳。崔唯我、郭紫峻等云照現況下去恐生不妥，余謂聽行政部門報告，研究其得失則可，若動手改革，際此戰敗危局，不可輕易也。十二時購香煙兩條配以錫蘭茶，於飯後送探斗，今日三月廿七日為探斗生日，余到正在午麵。下午打麻將廿四圈，王世勛夫婦負，余與秦啟文各贏九十元。秦君祇打四圈而即大勝，希有事也。夜眠，至不安。

5月14日　雨

晨候陸京士夫人過訪，至十一時不來，幸劉文川來談，話甚多。伊在總統府寫上總統之簽呈，借以孟法師碑。同到峨嵋街交通銀行三樓訪周佩箴，晤陳惠夫及俞時中。十二時回錦帆處飯，飯後為無處可容之蔡培元購襯衫及褲，文川伴余雨中，並引蔡往中華日報暫住。余往上埤頭，雨甚大。小寐一回，加入五人做夢桌。夜飯

後改與廖楠才夫人同桌，余獲勝，未得款，甚為欣然。
十二時回寓，三輪車伕乃泰縣人。陸以璈引陸瑞徵（中
興鋼鐵廠長），下午三時及夜十一時均來候，未晤。

5月15日　晴

　　晨紀念周，經濟部長鄭道儒在中央黨部報告，歷一
時半。述經濟部近狀及處理油輪公司、電力公司、糖業
公司各況，其要言曰權力集中，貪汙之宗。散會後，余
至七洋公司監察院旁廳。十二時返，下午睡熟。三時
黨部審查黨營種種小組，葉溯中頗多意見。六時同陳宗
鏊走至北門搭車，夜飯時蔡培元來飯，飯後朱宗祺來譚
歸款。得香港孟尚錦書，港紙一元，在上海收人民幣
五千九百四十元，上海米每擔為廿五萬元。陸以璈同瑞
徵來，沙頭人，颭圃師之族。陸咪初晨赴台中。

5月16日　晴

　　晨院會改討論積案，余於懲治貪汙條例附和財產充
公須經判決，仲肇湘前說反對伊所持之拍賣由官廳保持
價款說。下午人少，未及表決。余又提缺席判決之修正
案，又余鑑於下午人數，須等一點鐘始勉強彀法定人
數，主張就上午簽名人數，下午作繼續開會，准三點鐘
開會，有人不贊成此說。六時歸飯，朱鍾祺送來利息，
本日院中盛傳舟山撤退說，大家疑懼，京士云舟山伊之
電台已三日無息。夜同秦啟文至錢家，余又勝。

5月17日　晴

八時因昨錢守塘來書，囑往萬華大理街糖業公司貨棧尋其子其康，適為人家幫喪事，未晤。閱報知總統昨夜廣播，為集中兵力保護台灣，定海十五萬軍隊作有計畫之撤退，有一年準備，二年反攻，三年掃蕩，五年成功之昭示。到黨部勸胡光炳等勿積極索房租津貼。九時首長會談，余不往。十時財政委員會審查預算，余主酌加債務收入及四行局贏餘收入。回耀處飯，有雞，余所不喜也，夜錦姪為添豆腐。下午三時黨務考核會，天作西北雨，閩南云時落時止，隔田頭而變。五時張導藩來談一萬一千兩之交撥支配廣播及電影支配計畫，在舊廣播事業之奇事為蔣夫人某次廣播，董顯光在台已聽到，臺員云是馬尼拉轉播，其明日則馬尼拉來電一字未聽見。夜同錦姪中山堂聽台北一晝夜話劇，在招待所遇莫葵卿，云定海坦克已到基隆，明日兵民可到，約余往觀。

中山堂萬象劇團所演「台北一晝夜」話劇，述台北徬徨之徒與艱貞的一群內心不同，結果留在內地者亦到台灣，台灣奸商亦受制裁。觀至十時，冒雨而回。演員以房東太太、十三點及阿康為佳。

5月18日　晴

晨攜梁啟勳曼殊室札記訪博愛路七十六號黃麟書，值其未起，乃往信陽街瑞三大樓訪孔德成，亦未起身，乃至黨部小坐。到總統府，於胡立吳處得曹劍萍住址，既而許靜芝來，共寫名片為樂。訪陳辭修，值其煩悶，云一日在位，自有人感覺不便，不如早休，未得其繼。

余曰此所謂君子有所恃而不恐，小人有所憚而不為。
陳曰我非相才。余曰多易行政院長國本受傷，宜忍耐
下去，最短須任至立法院下一會期。陳屈指算曰六
七八九，九月。又談某種人將請願事，其人頗作風浪。
余曰請願為人民之權利之一，不可非也。又曰當余任行
政院長時，有人自承願為部長，如余允之，則在立法院
中可得若干同意票，陳謂之曰請運動立法院投陳誠反對
票可也。余出，同博愛路 76 號，奉札記於某祕書長轉
交陳伯南，伯南寓移北投，余幄奇鄰居。既同余至長安
東路 52 號訪京士夫人，久待之，又值未起。乃至五條
通七號謁稚暉師，內裸外穿長衫，鬆領扣，方據案寫字
課。為余講一二三四五六七八九十之由來，並示余圖，
以四是四分 ⺹，七是五加二 ⺉，九是五加四，為有
趣。余為余講福字、富字，田是架，⊔ 是食具，一是
一切多有，房中一切多有，豈不為富？神教你一切多
有，豈不為福？又講吏字是一大人物持中，故曰天吏。
官是一房中有一堆人治事或住宿，引申為館。又講胖
（合）、胖（肥胖）上一字繪合男女兩體，上海人應讀
為姘。又繪「也」，女陰圖 ⺈，上面是毛。又示字體
變遷表，自倉頡造字，先為古文，次為篆文，次為隸，
次為正書。吳先生每字一張，有圖有字體歷史演變，釋
以英文，以便外人學習，書成印出，可獲美金。又譚時
局，謂學曾國藩、學包拯皆足致病云。既午，余欲歸
飯，先生不之允，命炒雞蛋留余飯，吳續新送紅燒肉一
碟佐餐。飯後余與陳次仲、吳治普、胡博淵、吳同構，
譚同構、次仲、續新，民十包島斯同往法國，惟同構十

餘年不見矣。二時半返錦姪處，既同返西寧，同王建侯、路廷甫、任悫曾同往上北投浴，余留飯，秦啟文夜來作伴。上北投招待所台灣省政府有借給廣東省政府之意，余等以得住多次為幸。

5月19日　雨

下山至新北投而雨，坐野雞車返西寧北路。尋得小皮夾，昨赴上北投臨時易衣未取出，腦際已模糊。上、下午院會。十時往弔童行白六七，吳開先在追悼會場流淚，余慰之。夜莫葵卿留飯，余同啟文至錢家。

5月20日　雨

晨至黨部，知工作同志將宣誓效忠總裁，並將房租津貼捐給婦女抗俄反共救國會，心知為有激而然，十分不快。莫葵卿雨中來候余至基隆，先至車站，見運兵列車員司已數夜未睡。繼至港務局樓上，見婦女正集合對戰友慰勞，大雨滂沱，眾志為國，真不易也。回錦姪處飯，飯後到黨部集議恆大事，召駱美奐返國清理交代。五時至立法院，轉至上埤頭王世勛家，其兄世毅字剛森，北大同學，現往檳榔嶼，老母頗念之。余等打麻將至天明，定海歸兵晨操在外，而余等明燈一桌酣鬥未已，真頹廢之至，但頹廢至此，猶未滅余內心之痛苦也。

5月21日　晴

晨車歸西寧，擬臥而北大同學熊公哲及黎子通夫婦

來譚，未能合眼，乃至錦姪處稍休而飯。飯後走萬象，購得圖章兩方，送黃範一女出嫁伍應煊。余遇黎子通，同步公園，又入台灣電台稍坐。四時行禮，廣東面子上人俱至，禮畢茶舞。出，遇王競明。歸錦姪處夜飯，得顧國楠香港信，伊聽余勸未做金子，無損失。夜，彥棻招譚。

5 月 22 日　晴

晨黨部大懸旗，貼標語，宣誓效死台灣。余張羅此滑稽性悲劇，請王化南監誓，化南說得極好。紀念周馬超俊報告。午歸飯，飯後臥。臥起又為探斗邀伊家打麻將，深夜始罷。余留石年丈房，蚊聲如雷，不克成寐，聞起身號，即躡足披衣，開後門步歸。夜賭兩次，余均未負，宜以為深戒也。錢夫人治蛋餅、麥片，泡茶款余等，石年丈亦陪至深夜，盛情可感。

5 月 23 日　晴，夜飯時悶熱微雨

晨歸小臥。九時及下午三時院會，余附和韓同說，對參加敵偽組織依法停止公權者，不得為公民。擬修正案未洽，未經通過。午、夜飯均適，薄莫曾同任惠曾購圍棋留贈震弟，說價未妥，未成交。夜浴後即臥。陸京士已將港紙千元為余託人帶去，余妻得此可與兩兒圖晤。

5 月 24 日　晴　星期三

晨加開院會，討論自治通則，於職業團體代表討論

甚多，余未發一言。午飯極熱，飯前在西寧寓作書覆汪
度、萬繼勳，飯後臥。二時往黨部，三時半財務稽核委
員會。五時總裁約立法委員一部分同志談話，問立法
院應組織黨團否？又詢確保台灣工作，謂宜訪問台灣民
眾。余詢問外交、軍事、財政大計，總裁未講。散會
後，請劉塵蘇三陽春夜飯，以酵肉為佳。八時中央常務
委員譚話會，余請宣誓效死不必再擴大，八萬元照給，
請常務委員對工作同志訓誡。賀君山謂共產黨隱蔽身分
而為搗亂工作，亦宜注意。十時歸，失摺扇。

　　午前陳仲懷攜一臺灣肥女到迪化街，云將與之婚。

　　得五月十九日三一聯誼社台哲祕字五五二號聘書，
聘為名譽理事（民權路一號）。

　　得王豐穀寄來五月十二日炳弟書，斐玉控案於五月
十日開庭，原告以證據不足敗訴，繳訟費九十萬元，炳
弟要津貼原告白米一石以上，尚未判決。四月十九日寄
滬之離婚照片為弟提出之證據，炳弟謂大有用處，余管
理寄存印、寄此證據亦得法，友朋扶助可感。

5月25日　晴

　　晨湊一百元新台幣到台北車站獻金，遇吳國楨車。
到中央黨部，九時常會，聽參謀總長周至柔，海南、舟
山既撤，台灣防守兵力益強，海空無牽制，共軍如在三
月內來攻，布置欠周，必然失敗論。余聞余昨夜苦勸之
八萬元，余離席後體統紀律之說擡頭，又主不付常會。
又討論陽明山革命實踐綱要，余早退。下午天熱，略寫
字即不耐，為錢探斗邀往打牌，十二圈之外另兩圈即

返，不敢再遲矣。陸京士、李秀娟、林礎公、談龍濱、
劉文川來，皆未臥。回寓時已無水洗浴。秦啟文今日
不樂。

　　錢藕兮購燜肉、牛筋享余，余以曼殊室筆記借給石
年丈。

5 月 26 日　雨

　　晨得王豐穀轉來書三信，豐穀老母中風病危，豐穀
留港不能返滬，心痛難支，余作書慰之，寄去伊與正中
書局各證件，請朱鍾祺付郵。晨討論預算，余發表意見
數項即離院。中午留法同學任立委者聚餐攝影，下午為
江蘇同鄉會撰書輓奉賢：

制敵惟火，精業惟勤，
爐身殉化驗室中，偉烈無殊疆場死；
書事以文，推仁以義，
拭目仗同鄉會眾，艱難應為寡孤謀。

　　下聯生硬，寫時又寡孤寫作孤寡，心中不快，竟日
未出。滬上盛傳余病，余殆將病矣。五時至朱育參處，
伊昨詢余問可離臺否，今日往，伊求局長批，俾得領出
境證往馬來亞。余同育參至京士處，見女立法委員凌
英貞及蔡培元、吳瑞士，皆欣然執役於自由中國勞工同
盟。七時江浩娶余馥培，在台灣省黨部禮堂結婚，于先
生證婚，余遇沈善琪，諸人欲余來賓演講。余出，走瑞
三大樓尋孔德成，值其剛出，乃返禮堂。遇許靜芝亦來

賀，邀往伊寓飯，飯後尋余葆光，余頗樂意，乃往靜芝
寓飯。飯時陳伯稼來，飯後同往胡昌熾寓。胡蘇州人，
妻□□□上海人，生四女，第三女較高而活潑。出，立
羅斯福路三段，天雨路濕，無法入葆光家，乃折回西寧
北路。談龍濱、劉文川來譚，龍就未定，住房難得，夫
妻徬徨。

　　午間狄君毅來，余託以狄擎華入境證事，君毅處併
云可以暫時住吃。

5月27日　晴

　　晨到胡兮汾處，得道範所許金一塊，厚重而黏，施
文耀購十兩餘為余產。自余上祖以來，家傳以孝友為
寶，不以深黃銅為寶，際此危時，更無所可恃。惟此為
總裁所令為黨保管財產之一，經李君佩、朱德才在滬典
運，去年始撥作廣播電影基金，今年更用之於文藝新
劇。總裁一番建國遠謀，值得欽佩，且所令保管者祇一
萬兩，而頗蒙不白。余為保管會員保留一塊，以為余服
務節儲之紀念品，日後用之於本鄉作公營事業之基金，
以贏利所獲用之於教育，以挽回濱海僻區科學文化之頹
勢，後有因此金而產生之璜涇才士，深鑒此意也。九時
黨部區分部會，簽名後即到立法院。余於特別費尚需實
報實支，主張不必，惟結果數字減少，立法委員真小者
相。飯時施曉、唐夢華來同飲，坐對成人皆為友人之
子，士則墓木已拱，與余論創立中學之往來信札，亦已
散失。竟任未往通都大邑，所見較小，坐致好貨，以損
其才，舉盃不勝悲惜，二子不之知也。施曉將移來台北

國防部辦公。下午三時中央黨部常委及政委而任立委者集議，欲解除童冠賢之立法院長，余主提此案之時已過去，何必於尾聲唱緊張之調：一、黨團將成立，不可先以不洽意之命令開場；二、去童為選劉即真張本，此時鬧選舉無補大局，徒亂人意；三、余以拔齒易解釋為裝牙，余之缺齒不補，保持缺陷之美，亦生活藝術之一，作為不必多此一舉之喻譬。眾皆大笑。又至立院出席資格審查會，材料不足，未能審查。乃至探斗家，秦啟文入夜候余，又獲勝利，余將人負我之三十五元輸去，頗樂。

5月28日 晴

晨同錢中岳汽油車八點半班至老八投，車遇鎮江王同志之子王光、女王之士、王之友，正以星期日候其祖母。我弟兄空有子女二十二人，未嘗博重堂一日歡也。到新北投高坡訪夏管理員，其夫人答以已上山料理雜事去矣。余上山浴，浴後稍休，癬塊癢頓止。出入遇張岳軍車，正尋陳伯南，余與略寒暄。下山，遇吉卜接王科長之車，乃歸。在李向采寓近處下車，與秀武談家常並留飯，食蘿菔夾。下午攜蛋糕到王世勣家給錢桑圭等吃紅，與朱盧白夫人打牌，余輸去探斗欠余之八十元，又輸七元。歸寓還早，頗為快適。盧白母氏郁，為世勣夫人長姊，年七十餘，好打牌，目力、氣力亦足，且頗詼諧，今日打四圈，手氣亦好。盧白夫人潘氏（識潘錫球）侍奉亦周，婆媳間能如是亦難得。夜飯時所燒豆腐

油泡為蘇州陳敏女士所煮，亦可口。

5月29日　雨

　　晨紀念周，林彬（佛性）報告司法行政狀況。禮畢舉行中監會第八十一次常會，對李敬齋擬令黨員培養民主風度、提倡地方自治，邵華、李曼瑰主張不必，白上之主張作為小組會議課題，結果交常務委員審查。推王秉鈞召集，王以常會不之決而交審查認為不妥，結果下次再提出。魯蕩平主張容忍等道德說法，舊的不然，新的不足，語侵王亮疇先生。白瑜與姚大海為王普涵案未經黨務考核會而提出，亦爭執。議至十二時半，群常囂然，涉意氣，主偏見，列席者笑焉。散會，余同主席劉贊周等六人同慶樓飯，飯後稍休，即出席立法院資格審查會，簽名於財政委員會。同道藩出席中華文藝基金會，鄭彥棻語我下午五時再議取消童冠賢院長名義，謂為辭職照准，以防政治局勢反覆，甚至云因選舉而出意外，亦比留此不妥為佳也。余知非余口舌所能爭，會時不往。回迪化街與錦姪作伴，逗之使不樂。飯後回到榮元，張百雍交余徐昌年所贈筆、筆簾及紫菜，自日本東京寄來。夜俞時中來譚，伊夫人張乃琪求護照赴美探靜江先生。周伯年先生之母已由世和伴回上海君常處。俞則民甚艱苦。周世達投機虧空，其妻腦瘤已死，總不如伯年先生之長眠為得計也。

　　夜十時作書致白上之、劉健羣、江一平，述作臺灣東部之行，余決隨侯家源、譚嶽泉明日赴蘇澳轉花蓮港一游。張甘霖君貸余新台幣三百元。劉文川、談龍濱來

助寫名片，龍濱已得總統府科員。

5 月 30 日　雨，至蘇澳略放晴，上蘇花公路又雨

　　八時十分周亞陶駕車來，秦啟文、顏肇省送行。余至錦姪處取衣服一套，即到車站貴賓室，隨上車，二等頗空。同行者侯家源、譚嶽泉、過守正（復初）、祝壽萱（子颺）、馮紹光、王道隆、李鎮美、張海平、柳劍霞及其子樹健，總為十一人。車至八堵，往基隆須分路，再過有站名暖暖，始為礦區。過三貂嶺之後，有長約車行三分鐘之山洞，馮紹光攜有軍祕台灣總督府鐵道部之鐵道線路一覽表，知此為三貂嶺隧道，長 1847.949 公尺。又過草嶺隧道，約兩分半鐘，長 2166.579。過此則為太平洋沿岸，左窗海波無盡，敷車軌處境界較寬，不似沿山轉側之逼窄矣。至宜蘭食連裝夾黃瓜香腸麵包，以西點勞站上軍人，有路局劉翼曾、王世弼（亮侯）、孫源楷（字耀卿）來接。

　　十二時至蘇澳站，公路局有插花之二旅行車來接，至工務處新樓上，開飯兩桌，有紅燒鵝及干貝蒸蛋、麻婆豆腐等六菜，每桌七十五元，比台北便宜。一時上蘇花公路，登坡即望見南方澳在公路下，蘇澳之魚市場也。自此三十四公里公里為南澳，略休息，見有健康女子出售糕餅，呼□…□。又行山線一小時六十一公里，經大濁水溪，有大鐵索橋。至姑姑子又休，見有出售猴子之廣告（出字寫作山山）。姑姑子站望山，山形高偉，草木叢茂，煙雲飛舞，柳君謂比五老峰好看，五老峰不面臨大洋也。自此或為山線，轉折林石間，有似青

木關至北碚有樹之處，轉出海線則為靠壁單車道，坍方之處則鑿山洞以通之，有似格魯諾白之山行道。臨崖有至三十餘公尺者，險峻難行，而駕駛人運盤純熟，視危險若無睹。姑姑子不遠有和平隧道正在建築中，即因坍方而始鑿洞，余等合攝一影。過此車忽斷氣，經推動始前。至九十四公里處有廢棄之水力發電廠，過索橋右走山坡道則為太魯閣峽，日據時代所擬闢為國立公園者也，為蘇花線上第一勝景。惜其中駕空之索橋已斷，而游覽須時須伴，並須攜食品，決非雨季所能往。

余與譚君過橋入木門，沿山走數十步而始登車，侯、柳兩君車先開至新城小憩，自新城至花蓮則為平坦大道，車行約四十分鐘，毫無恐怖矣。既抵花市，又至一河，流水沖坍沿公園之岸，地方人士主用竹籠裝卵石以障之，余謂無用。又過一洋橋，橋塊亦因水衝擊而將壞，余主在將壞處先添一孔。至市，譚等入第一賓館，余與侯君入糖業公司招待所，余住三號，侯住一號。陸軍第五十四軍副軍長楊中藩娶妻張孝友，無錫石塘灣人，方一月。楊君為柳劍霞學生，招飯在菁華街十一號，湖南菜、白蘭地酒。惜飛娥太多，用盆盛水托燈下，飛娥投入水。夜睡大帳塌塌米，睡前召瞽男按摩。

五十八年前劉銘傳的海後營軍隊從蘇澳攀山越嶺到花蓮縣界之大濁水，已開軍用路。另從台東北上，目的在深入東部撫番，開到太巴塱而止。日本台灣總督佐久間為討伐太魯閣番人又闢軍用路，故山間有久佐間神社。民國十六年開為公路，二十年三月工竣，工人為西部的客家與高山族阿眉族，傷 300 人，死 200 人，日人

亦死五、六人。據說今日蘇澳以南的路便是劉銘傳舊線，南澳以南則是後改的新線。

5 月 31 日　雨

　　晨赴菁華街十一號候劍霞父子，到五權街防衛司令部訪五十四軍軍長張純，湘鄉人。出，坐車至港口，港務局長葉明升導觀一九三一年所築之內港，長四百公尺，中間衝壞數十尺，需費甚巨，水深在低潮位 7.5 公尺，現亦漸淤。原計畫在停船碼頭之後部擴充地區，開掘至相當深度，以便船隻掉頭，未能成功。舊花蓮港在新港之南，有一山可以望見。新港自作為蘇花公路之起點，吞吐量曾達二十萬噸，航程北距基隆九四浬，南至高雄一八六浬，港務之重要雖不及南進要港基隆，但工業及商務自有相當重要。鋁廠即在近處，電廠亦有數處，其與日本各地之工業建設計畫雖不可知，觀其亟亟謀港務之發展，必非無因。葉君引觀靠岸輪船四、五艘，最大者為江津。有海軍兵船起煤，日以手掬數十斤拋岸上，不知何意圖，同行者皆笑之。上港務局辦公樓觀大地圖，余有意請侯、譚及前葫蘆島局長祝燾萱演說，眾人不願，乃罷。回，車過市折至西鄉，有地名曰初音，有初音電廠。過此有新築堤，堤內種花生等物，再進至崖下則臨木瓜溪（崖為粘板岩，易於風化），荒石磊磊，黑水數縷，其最闊處亦頗洶湧。有索橋下塊，橋磴已坍，鐵索已斷，橋名銅門橋，昭和十一年五月花蓮廳長藤村寬太書榜橋門。聞此溪每年高一公尺以上，十年高二十四公尺，原上塊處有井，並有井亭，今皆淹

沒，去年尚見井亭之頂，今無所見。過橋行七十公里可
至霧社，高山族人以七日到達日人所計畫之橫斷公路貫
通台東西者，我政府連測量工尺亦未做。觀乎木瓜溪之
兇惡，亦極可瞻顧。是溪發原於薺萊山，流速因年增
加，為患滋多，此行為地方要求修橋，亦無以應。土人
上索橋，下塸則涉水，諸人相與嘆息一回，乃返入大觀
園菜館，已點鳳尾芙蓉蝦等菜，而縣政府科長代表縣長
邀譚局長飯於大三元，譚邀余與共，葉明升亦來。魚翅
一席，以燒而加汁之菜為多，至甜品而罷，並無米飯。
有首席侍者殆為閩之南台貨，洋裡洋氣，亦足湊趣。二
時返寓午睡，睡起有中央通信社花蓮特派員沈九香來
訪，適天大雨，侯家源高臥甚酣。沈君譚抗日忠貞及此
次堅決之狀，頗為難得，其對於十六年南京丁家花園採
訪之同伴為列一表：

新聞報：俞樹立（未出）、曹天縱（未出）、廖壽昌
　　　　（未出）
申報：金華亭（死）、秦墨哂（漢奸）
時報：張唯一（潦倒，未出）
時事新報：成濟安（死）、程起（轉入監察院，未出來）
民國日報：嚴服周（未出來）、葛潤齋（未出來）
大公報：何毓昌（未出）

　　當年國民革命軍初到南京丁公館，後樓為政治會議
之所在，大廳接見新聞記者。余持材料，諸訪員目聽手
抄。以其不論精粗美惡，伸筆即抄，余戲呼訪員團為鴨
群，見大麥下水，伸頭便吃。沈君乃當日鴨群之矯健者
也，今亦具老態矣。

　　六時三十分軍長張純在防守司令部宴客，菜皆大件，飲白蘭地酒一瓶。張純曰此次只可說澧陵人投共，不可漫說湖南人投共。余曰澧陵男子氣節，女子貞節，皆有限。相與大笑。夜仍雨，睡適。

6月1日　陰，間有飄雨

　　余此次在花蓮市住五權街三十四號，為花蓮港糖廠之招待所最後坡，樓共三間，樓前略有園，老女侍為戴八，言語不通。糖廠駐花通訊處主任隋更為余昨今兩次打電話問新港街二十二號林田山管理處毛震球在否，始知毛於一月前掉職台北。毛君盛稱林田山，邀余自萬里橋往游，而職務更迭不余告，殆以余決不之往歟。三間樓之中一間住曹叔謀（名謨），國防部測量學校校長，與許靜芝譜，贈余該校四十六周年特刊，始知該校即南京大石橋之測量學校，余曾介紹龔子揚（忠淦）前往繪圖。廿七年遷桂林，廿八年遷貴州鎮寧，卅一年曹謨任校長，請遷貴陽，卅三年冬黔邊告警，遷北碚之澄江鎮。抗戰勝利遷重慶沙坪垻，卅六年暑假遷蘇州南城外青陽地與洋關之間，卅八年春遷廣州黃埔對江之深井村，同年七月遷台灣之花蓮市。溯其歷史，初開辦於光緒三十一年一月十五日（民國紀元前八年），稱測繪學校。言其內容，開辦十五年，測量學術由日本測量方法改趨歐美，再十五年，而適合我國國情之教育方針確立，並開辦航空測量教育。卅二年曹謨重訂教育綱領，使正班相當於大學，研究班相當於研究院。三十九年一月奉令加強戰時測量技術，以作保衛臺灣反攻大陸之準備，將使用飛機與雷達測量。今日雷達飛機之特種裝備，不論何時何地，在四分鐘內即能測及相距八百公里之遠，其精度可達二萬分之一，並可同時作航測地圖工作。過去航測一數百方公里之地區，需時數月，今用三鏡航測法，僅需數小時而已。余佩曹君之勤，錄其所述

如右。

七時半進厚粥，知係第一賓館送來，每日每份五元，其住宿以人計，每人十五元，東部生活之貴如此，每席常三、四百元。八時到火車站登汽油車，譚嶽泉等自蘇花原路返，來送行。行前檢查身分證，余未及攜帶，頗窘。汽油車每小時行駛三十四公里，花東間全程五小時半可達，今日為專車，座身間設木製小几，攜果點並運冰箱上車。人員加入者為陳祖貽（江陰人）、陳雲龍，所經行鐵路為台灣東線鐵路，1909 年籌備花蓮港至玉里間，1910 動工，1917 年告竣，玉里至關山間1921 年動工，1925 年告竣，關山至台東間原係台東開拓會社之私設路線，1922 年收買，1939 復延長至花蓮築港工場，自是全線共長一百七十五公里又九百公尺。余觀此線架設於中央山脈與東部海岸山脈間，初並行花蓮舊溪，次擇地沿秀姑巒溪，尚易為力，而溪流縱橫交錯，原野荒艱難治，過初英為木瓜溪，過池南為老溪，過溪口為知亞干溪，均有避溢橋梁。三十八公里為萬里橋，西上為林田山林場，為造紙而設，亦供給鐵路用木。四十二公里為馬太鞍溪（台安），為南清水溪，次為打馬燕溪、石牌溪、賑賑埔溪、鹿家溪，至近台東處始平直易行，日人真敢作敢為。同人攜有陸軍測量部昭和三、四年台灣東線鐵路平面圖五萬分之一，又攜有剖面圖，某溪出某山脈落分明，有古時圖經之意，皆極珍貴。車上先食西瓜，兩片一碟，有瓜扦兩刺者，盛濕手巾以小膠竿籃。十一時半，進甜鹹夾麵包鴨蛋，佐以咖啡，又食冰香蕉。一時抵台東，入鐵路招待所休息。三

時至卑南，過去之台東大橋長五三〇公尺，鋼梁因漏水
而銹，難以修理。張海平曰美國人鋼絲以七條為一束，
以布包之，鬆以油，合數十束為一大束，包裹油漆極
慎。日人在最後據台數年無暇及此，我政府中人到台，
絀於資，僅塗漆一次。

　　自台東大橋回，余同紹興人台東工務段段長馬繼祖
到地方法院訪問，晤檢察官李志青。法院今年一月成
立，高山族人二個在大武及大麻里被汽車輾斃，經往相
驗。其初高山族人主以被害者之死法處置司機，不問為
故意或過失，最後以民事賠償為解決。一案出新台幣
四千元，一案為公路局車，雖交通部有令肇事後之損害
賠償，部中無款開支，亦以一千餘元了案。至民事則有
調解委員會，酋長有權解決。余主法院當先派人參加調
解委員會，諭以法條，並禁止其過當悖理者，使此部分
人民漸識法治之益。夜，李志青到招待所來答拜，李為
陳晴皋弟子。自法院出，穿台東師範附屬小學，見班次
甚多，教職員室室廣人眾。訪師範學校校長河南王□，
知校係新辦，尚無畢業同學。余以小學教員當養成終身
服務志趣，養成有民主風度之公民及科學人才建國建設
地方等數義，請其向學生言之。王君請余於降旗時講
話，余辭謝。出，到附近縣政府訪主任祕書黃肇達，未
晤。黃君於余等到車站時來迓。出，到台東圖書館問有
鄉先賢著作否，先晤總務潘友昌，次晤儲連甲，再晤館
長孫永齡。孫、儲二君皆中央圖書館職員，言蔣慰堂今
在九龍沙田吳園，王紀玉今仍在南京中央圖書館，孫君
曾往常熟王君家，二人均與繆君□□譜。言台東多災，

文化低落，土人健訟，機關長官無一不被控，外來經營者得利則委台東以去，故甚難言建設，最近鬧民選縣長，不知今後民治糾紛將作何狀也。台東鄉先賢書籍則館中無之，一部分文物已移台北博物館。

鐵路管理局臺東無線電臺臺長吳興丁（祖威）有日人笹井啟吉出題本位國語之要點（中央書院版），余錄其聯綿字如下：

挨拶　當推量　慰安　叡感　回向　會釋　介抱　鶴首
頑是　堪是　肝要　歸參　喜捨　澆季　藝能　參籠
昵懇　澁帶　宸襟　射倖心　進捗　素敵　寸毫　水泡
簇生　退嬰　退屈　坦懷　追儺　辻褄　徒爾　難澁
名殘　納得　納屋　塗盆　濡衣　寧日　長閑　野分
披見　敏腕　返濟　辨濟　辨償　滿願　妙案　名聞
默殺　油斷　由緒　興望　類燒　籠城　腕白

夜晚在鐵路招待所，福建席，用提盤騎自行車送來，每盤置三菜，來得頗慢，主人甚窘。賴祝子颺與張海平講滇緬路澈退故事，子颺曾簽字接受英國軍需，以為笑樂。菜以清湯魚翅為佳，飯後食西瓜。夜眠新木床，余與侯素民對床合帳，帳既大且重，染綠色，粗麻所做成。

6月2日　晴

晨飽餐稀飯與饅頭，諸人分乘旅行車兩輛出發，行台東至林邊之南迴公路。自車站至馬蘭為昨曾經過之路，十九里・三。知本站又一公里為知本溫泉，在知本山之麓、知本溪右岸，負翠巒，臨流泉，含炭酸質，可

治胃腸、皮膚各病。余昨午即願往，馬繼祖云山洪沒溪，路不可通，乃止。今日車過溫泉站，有人家二、三家，遙望山麓有突起者即是，不知如何靜雅也。自此過美和、華源兩站即至大麻里，即所謂「拍那拍那揚」地方，為高山族中派宛族中披攸馬族之發祥地。此後所過站為金崙、瀧、大溪、大竹、大鳥、大武（大武山明末沈光文隱居處，盧若騰避鄭經之誅，亦在大武山麓，沈、盧有詩相唱酬），皆沿海行，過溪過橋則停車視察。有一次停車於加□橋，橋名以日文書寫，余車換胎，余與祝子颺坐於橋邊之小草棚中，橫竹為凳，穴艸為窗，頗覺風涼。至大武站飯，有紅燒豬腿、炒豬肝、紅燒□魚等菜，工人拼小工事桌，余坐處缺一角，余放飯碗落空，米粒菜汁狼藉，頗窘。

飯後欲覓茶館，無潔淨者，仍留站長房。初議自枋寮取胎為侯素民車換胎，又議改乘客車，結果則乘原車，經阿塱衛轉入山路，自此則為向西之路。入山時有戍卒詢問，上坡越澗，披枝穿林，山頭頗為秀美。山外東望，有時見洋面大水，甚為可愛，公路亦平實可行。遇前車交轂，每次二輛，余等先遇送三車胎之吉卜車，令其跟車而來。於森永、壽卡間遇一士兵，肩挑一活穿山甲，長二尺餘，露齒蹣體，問其價，索新台幣二十八元，余未敢購下，聞其肉甚美。再進為橋卡，利蒙有橋，流水清潔，無瓶無罍，不可汲飲，自此水往西流出楓港矣。我古人云水盡東流，蓋不盡然，禹貢導水之寫法基於實驗，未嘗云水盡東流。三時許至枋山工務段飲茶食點，西望小琉球嶼，極為清晰。整車後轉往鵝鑾鼻

之線，沿塗見自定海撤退軍人，紀律甚好。過海口後轉入四重溪之線，經四重溪後，兩車直放石門。門前路左有日本之招魂碑，云明治四年死於番難者五四七人，日將為西鄉從道。石門者，五重溪山與虱母山相對峙，斷崖若門相對，牡丹社高山族人憑此抗日兵侵襲，今山巔重立抗日之紀念碑。自此再進入，高山族用竹一竿擋路之門為牡丹社，社公所新建，余等經一青年導往高山族住宅區參觀，屋舍用具亦殊整潔。回四重溪，憩於景福旅社樓上，夜飯自屏東運來閩菜。余浴二次，睡頗美。四月中贈焦米女侍均往恆春。

6月3日　晴，夜雨

晨麵包及粥，有炒蛋及肉片及牛乳，吃得頗飽。七時兩車，張過急於趕車，先行，余車侯素民、馮紹光、譚聲宜（合肥人，北平交大畢業，余同學譚聲傳之弟）同行至枋寮而休，沿途鳳凰木綠葉紅花，非常好看。余等飲茶時遇秦錫壽。譚君與余等別，加油後再行。自此經潮州內埔之路，亦較四月初治整，內埔有韓昌黎廟。入屏東後為水泥路，農人攤穀曝日，占公路之半，路雖好，阻礙多，仍不能加速。十一時經鳳山初級中學，望見駐兵。未數分鐘至高雄站，張文彩、黃壽峻、呂俠皆迎余。黃將繼張為高雄站長，張胃下墜，食慾不振。余得秦啟文寄來返臺北車票，並頭等臥車免票。安頓行李後即至戴恩沼寓，其子兩月，重十三磅，方睡網絡床，搖動則睡得安穩。十二時半玉麟回同飯，飯後用車送余往車站。余同黃壽峻乘十二時五十分車，侯素民、馮紹

光赴二水，過復初、張海平返台北，又同車箱。余與壽
峻自岡山下，坐三輪車往通信學校，請施振華到應接
室，方病頭面石癬。余等又至子弟學校謝長茂、狄慧齡
夫婦，慧齡有脈，將近臨盆，而不知縫小兒衣服。既而
施振華來，今冬可畢業，勉以完成學業，勿東思西想。
余等在慧齡房略進餅干及鳳梨。及出子弟校後門，得三
輪歸車站。火車須等至四點半，乃改乘汽車，車身寬
大，臨門有風，四時乃至高雄車站貴賓室小休。余至錢
錫元處，知其為海軍部修車，欠款至一萬九千餘新台
幣，經手人撤職，監察會來調查又先索酬謝，又出手
一千五百元，真是痛苦。余同伊至陸長鑑處，觀以二子
以凱、以寧盪秋千、爬樹、跳檯子為樂。在彼夜膳後，
訪吳市曾家顧馨士，曾夫人之弟也。歸，至恩沼家，恩
泍來，雨中送往車站。坐貴賓室吃西瓜、雞蛋布丁。十
時上車，與一美國老人同車箱，睡頗酣，醒來為竹南。

6月4日　雨

晨距台北站尚遠而茶房呼起，美國人以為怪，茶房
於客起身後並不來整理臥具，余亦以為怪焉。坐高輪人
力車返寓整理一切，宴會不及赴者三：（一）卅日午陳
誠、陳立夫、王士杰台北賓館；（二）五月卅一日中午
顧希平、錢其琛吉茀；（三）六月二日錦江林慎、劉明
朝、何景寮、黃國書、鄭品聰。十時朱佩蘭、雷法章來
訪。余歸錦姪處飯，下午至探斗家打牌，至十二時歸，
余負。

6月5日　雨

　　晨聯合紀念周，鄧文儀講戰時生活。會後白上之語
我：（一）卅日陳誠等宴取消，童冠賢院長、陳博生亦
主不必一語定乾坤，授權案不通過是其反應，余拯亦說
得不好；（二）卅一日夜李君佩家討論八萬房屋租賃
費出手否，常委與職員已開誠一譚；（三）周錦朝來，
又起了一陣疑神疑鬼，患得患失。返中央黨部，得革命
實踐研究院昨日第六期研究員開學請束，余未及往。回
錦姪處飯，有白蝦、鹹菜豆腐、麵魚、爛蛋，均好。下
午臥，臥起寫日記。六時回飯，錦姪又痛經，余到莫葵
卿，伊略不適，慰之。訪京士夫人，又往蘭友家打牌，
到戴丹山徐向行家，頗念其家四室在歸莊。到顧儉德
家，將往東部視察。到洪叔言家，病愈，與夫人亦相
得。到鄭鎔家，一室十餘人，牛肉乾已無生意，正愁生
計。余歸寓浴，俞時中、張乃琪來譚，夫婦往美省靜江
先生已有辦法，乃琪幼時余在廣州曾提抱之，時中允送
綠色癬藥水來。

6月6日　晴

　　晨車來接我，我方大便，即開走。秀妹說余已出。
余再坐三輪到黨部，為四行兩局人員從逆資產損失，
余、祝毓商定處理辦法。童傳亭來譚。魯蕩平、白瑜同
出，訪陳博生，值其往飛機場接吳鐵城，既而同訪張默
君。回長春路魯寓小休。余同白瑜訪杜光勛，未遇，蕭
然一室，門圍不整治，寒素家風可敬也。十二時錦江應
陶桂林招，何雪竹首座，言張難先真偽君子。飯後回，

熟臥，寫日記畢。昨午余房換一書桌，頗舒適。夜飯後
冷水浴，秦啟文語我徐炎之媳已卒，惜哉。昨周賢頌、
高越天來訪，未晤。

6月7日　晴陰兼作，有颱風將來意

　　晨八時半至黨部，坐未久，即至于院長寓共早餐，
烤饅四片、窩雞子兩枚、牛乳一盃，與廣州時同冷碟，
有滷豆腐干，美味也。得見賈煜如修禊序，于先生以行
書帶草書之。譚監察權應任監察委員自由行使，如魚
游水中，升者沉者各任自然，自然有得。若激之使言，
誘啟其打老虎，則如激弄水使渾，魚便亂竄摸不到，頭
惱矣。方今無皇帝，監察委員代表民權，憲法上更有保
障，試問有何足畏？但行政方面甚多困難，百餘監察委
員各打一像樣之老虎，政府尚有寧日，台灣反攻之力量
必將對銷一部分，故監察事監察院自己會做，黨部不必
再來催促，特與余釋明此意。余歸查某項收入支出無
誤，又到中央銀行晤桑君維及刁培然，查無誤，乃歸
飯。錦姪又患胃頭痛，飯後蝦仁炒蛋，飯後睡，至適。
任君運來五斗櫥置龕座中，余室用具在本寓中最為漂
亮矣。

　　在美容理髮鋪中見去年舊台灣省參議會主每月中央
出售存金及物資以充中央政費，不要台灣省來墊款。此
說與崔唯吾等算清中央委託台灣所徵之稅，不要使台灣
省既得了實利，又說中央占了他便宜同樣小氣，際此危
時，說他何用。夜飯後至榮元，與張、洪、徐三君譚，
任顯羣不於金每兩加價，而搭發第一期有獎儲蓄券等，

有自印券而自購之之狀，又對中央仍為二百八十元一
兩，有獎儲蓄券之收入則為省有，弄得存金者日多，工
商業日疲，前途危險。

6月8日　雨

　　晨赴黨部，胡光炳昨夜來勸捐勞軍二百元，今晨常
會列表報告。午前討論為各省黨部來台人員安頓問題，
議至十二時。余到張懷九先生吃粉蒸肉，飯後到黨部思
再加處分案，使常會執行。二時返寓，洪亦淵、沈霞
飛、何尚時及裝甲兵不願分子婁嗣三云與狄原溟相識，
求助。三時常會續會，解決在外國之常務委員宋子文、
何浩若、潘公展、賴璉，朱經農亦辭監常委，既而為黨
員不報到又討論多時。最後李君佩報告解散聯誼會，送
出八萬元各節，氣壓壓低，非中心悅而誠服也。五時
後，為各省市同志十日晨又將宣誓效忠總裁覓一設當之
監誓，余往尋鈕惕生老同志，值伊生外症臥床，不克擔
任。六時歸，陳坤懷帶一苗栗廣東梅縣底子之劉姓女子
來飯，十一日將婚，余飲甜酒兩盃。夜雨甚，乃颱風
雨也。

　　下午常會前，坐正樓廊房中與鄒海濱、居覺生先生
譚話，譚組安向本黨，在民國十二年總理宴之於士敏土
廠，宣示主義，譚祇默坐側聽，傾誠接受，洵天聰也。
居先生云打官話則差誤較少。

　　居先生又云君武何不剃一和尚頭？大概昨日美容理
髮剪得余髮髟髟髟，似畫中煎茶童子，並不美觀。居先生
信佛法，不如光頭乾淨耳。

6月9日　晴

　　晨到黨部與祝兼生譚話，勖之使更為完善。既而白上之來，同往謁賈煜如先生，明日各省市同志宣誓效忠總裁，請其監視，蒙允諾。余今日之事畢矣，乃回立法院，取得上月廿六日留法同學為立法委員者合攝之照片，余尚覺年輕。返寓作致蘊寶、震弟及穎、炳、錫、奐、瀚書。十二時半回飯，飯後臥。中央社發表紐約時報國外特派員塞資柏格云，蘇聯的政策要長時期鞏固其政治勝利，並不打算在這個時期發動戰爭，他要建設中國，逐漸一部分一部分吞併並消化中國，如果要成功的話，乃是需要數年時間的巨大計畫。

　　現計畫關下列若干鐵路線以建立環繞防線：

一、完成隴海鐵路，在數年以內可以經過蘭州伸延到蘇聯的阿拉木圖、烏蘭努德及海參崴等地。

二、將北寧路敷設雙軌。

三、建造由包頭經蘭州、寧夏、哈蜜及迪化到阿拉木圖的鐵路。

四、延長貝加爾湖以南烏蘭努德到納西基的鐵路，經過外蒙古與平綏路聯繫。

五、修築柳州到中越邊境憑祥的鐵路。

　　五時後坐七路公共汽車，在北門站等待甚久，車上遇喬鵬書夫婦。到錢家飯，飯後打牌，秦啟文來邀同歸。雨甚，推門不開，盛悫曾來開門。天頗涼，蓋二號被。

6月10日　雨

　　晨照料各省市同志宣誓處，無可盡已之地位而為效

忠總裁之呼號，悲慘場面也。余以外黨部管事人惟張壽
賢到，亦太冷落矣。余所慮者，外傳史太林十月十一日
抵北平，若真採取消化政策，冷擱台灣不理，此方師老
氣衰，財竭民離，必然無幸。而又慮者，如宣誓效忠等
呼喚於前，而彼方引兵東南亞兼弱攻昧，故今日遇見之
海南同志等，余皆以撐得住氣為言。禮畢，余往錢家還
雨鞋。歸飯，錦姪治菜，余讀奐甥書，慰之。下午臥，
起來作書覆奐甥，且因分釁，函豐哥及瀚姪。夜顧墨三
招飲吉茀餐廳，余先往吳保容處譚笑一回，然後赴宴。
到束雲章、衡權等十餘人，譚同鄉中任顯羣自作聰明，
徐道鄰陰陽怪氣，兩有不妥。曹俊述晤徐，徐云共產黨
軍隊紀律好，四十年來所無，外國也不易見，政治上舉
措確實，謀定後動，決無還價，如教伊等十六家遷出孔
祥熙產業，即先開會九次，查出何人另有住處，何人租
賃手續未備，使人無話可說。至其缺點則為造成饑餓，
向蘇俄一面倒等。席散，余自銅象臺張蓋步行歸寓，路
上水凼甚多，馬路久不修治矣。熊亨靈來訪，未晤。

6 月 11 日　雨

　　晨陶桂林來譚建築業不易為，教人真工實料，其人
一入社會便親弊竇之門，所需要對物對人之知識門類太
多，亦不易教人也。又此番回去生活及營業方式皆必須
改換，房屋已不是堅久闊大之是務，而是廣大群眾適宜
與否及公共建築配置的問題。陶去鄭子澈來，囑寫信謀
中央印製廠事。鄭去袁世芬來訪，譚鮑志偉已故，遺一
女，楊昌熾不知何往。徐謨年青時頗頑健，能於鼻尖支

竹管，竹管上頂小檯面而行，既為公使，熟友嬲之，仍能復為之如往日，惟相戒勿洩而已。

時天雨甚，余坐袁君吉卜（袁君云台灣蟹有毒不可食，其毒蟲入胃不死，攻入肺部為多，亦有侵入腦部者），候文耀夫婦至濟南路一段二號兵工研究所，璜涇同鄉陳坤懷娶苗栗客家女劉金蘭，季通、金生麗均在。十二時結婚，院中人頗幫忙，喜酒為福建菜，味美而豐盛。余等步樓上闊廊，下東西有二積水池，一方一圓，庭樹亦蓊茂。樓下為模型室，兵器、子彈、毒氣炸彈、照明彈等。又入藥品室，見輕化鉀及汞劑無數瓶。又入一照相室，為巨形放大機，有特製之檯子，平常設抽屜之處裝有燈光配合之開關，係美國貨，工作上主要利器也。又有野戰試驗用具，皆裝箱列廊下，一聞命令即可出發。二時辭出，本擬應朱敫春、胡惠淵崑曲第廿一屆同期，兼唱徐炎之喪媳，適天甚雨，行走不便，乃至錢家打麻雀，余小勝。十時歸，得陸味初之弟德榮四月二十日自巴黎寄來小拉路司附圖字典，余已二十年不見新版本，非常愛閱，印刷及圖較前為精，二次大戰後增材料六百條，此版新增訂約一萬二千處。

6月12日　晴

晨天空雲薄，街濕樹鮮。到黨部參加紀念周，忽得陽明山莊革命實踐研究院通知，囑往參加紀念周，余同鄭彥棻往。九時開始，總裁主席，命魏汝霖讀軍人魂，讀者有誤奪，總裁乃自讀之。讀畢云，民眾心向我軍，被編之軍隊亦渴望我反攻，一旦反攻，成功必速且大，

希望各方面均作準備，惟台灣不可喪失日治時代之良法
美制，而迎接大陸父不父、子不子、先生不像先生、學
校不象學校的壞風俗。設使如此，則必招致如大陸之崩
潰，而為俄帝國主義所管制，不幾更比日本人為苛刻
耶。研究院第一至五期皆為軍官，余心懷此意，未及說
出，今第六期乃台灣人多，務必研究存良去弊之道。最
後總裁教人抬頭平視，雖閱書亦勿俯視。十二時歸，陳
堃懷禮金，耀夫婦合送百元，余未及送，余不悅，亦余
未十分說清楚之故。年老口齒欠清，今後宜說話鄭重，
加以書面，恕不致誤云。楊學傑、姚勤新生子彌月，今
晚狀元樓湯餅，楊君來邀往，許靜芝、張壽賢、吳觀海
均在，觀海又說余剪髮不美。旅行雜誌今改自由譚，阮
毅成西湖五題，說裡西湖招賢寺玉佛之慈悲莊嚴聖潔，
又提起十里郎當嶺。秦啟文又說及西湖冰毛栗是美味。

6月13日　晴

　　晨到黨部閱祝毓對四行兩局一庫填表意見。孔凡均
同伊夫人虞氏來，云有親眷萬源張鶴年借虞氏美金一千
元、新台幣四千元，開空頭支票三張，無意奉還。余為
介紹江一平請援助，一平亦虞氏婿也。余同白上之因擬
於星六約中央及各省市監察委員在台北賓館會晤攝影，
曾訪張懷九、鈕惕生、王亮疇、吳稚暉、楊森、孫震，
惕生先生濃包開刀已愈，今日赴考試院，吳先生高臥未
晤，楊森家無僮僕。余與王亮疇先生譚，總裁不釋然於
立法院未通過授權案及遵命辦某案皆不關緊要，請伊便
中解釋。余於洪蘭處得悉昨官邸會報又說立法委員不聽

話，並言黨無用也。午飯後略臥，起身後到錢家娛樂，至十時返。陳以令、秦孝儀於八時半來訪，未臥。

6月14日　雨

　　晨至黨部，九時中央黨部各部處會負責同志會譚，鄭彥棻有事，余任主席。張其昀報告中華日報與陶希聖反對情形，陸京士報告策動香港五漁船反起義事。會畢，杜光塤來黨部尋余，約伊到迪化街飯，譚眾論洶湧中，如以誠懇之態度向眾陳述，困難亦能得眾諒解，邱吉爾於大戰時英國政策失敗時，曾遭遇此境而得克服。余語杜君，在合議制中，以箇人完成團體的工作只需盡力一個階段，不必過於盡力，如向行政方面誇下海口我能包辦立法院通過，則必遭失敗。又立法院以常理測度其議決案自然合理，若以過於緊張之意識來測度，或為主席者過分敏銳，運用議事手腕以求通過，鮮不僨事。又一議案之不為通過，必因準備未周或方式未妥，故行政院必需有老於議事之對手，如黃忠之足與關公對刀以運籌幃幄，如出面請客疏通，趨下策矣。飯畢同步台北橋，乃歸寓。天雨，非常悶損。閱報知廣州大學校長王志遠五月廿一日卒於美國，去年在廣州南園曾宴我。又王雪艇在草山語我王撫五先生在懷寧逝世，余極悲悼。撫五先生在北大授余科學方法論，出校後遇我甚懇款，為陳仲甫先生遺著之印行與余及段書詒商議尤多。陳先生遺書商務書館迄未印行，王先生及書詒先生逝世，余凜於後死之責，而時局如此，無下手處，雨窗如注，悲不自勝。門齒下齦第三枚落，昨王亮疇又勸我裝牙。

　　五時盛意曾備咖啡、牛奶、牛油、果醬、烤麵包，佐以加拿大沙丁魚，在樓下廊下請余及王建侯食之，時玻璃窗外雨甚，正無聊賴。食畢，同學吳愷玄來候，至伊寓便飯，伊夫人與狄平初小學同學。飯後打麻將十二圈，有同桌孫其銘君，五十六歲，十一月十八日生，笑謂以「我一日長乎爾聖人」之言，剛剛說著，相與笑樂。十二時歸寓，秦啟文又教人等門。余暢浴後始睡，睡久不能合眼，移燈帳外，閱史記呂不韋及刺客列傳畢，乃寐。聶政傳云「鄉使政誠知其姊無濡忍之志」，索隱云「濡，潤也，人性濡潤則能含忍，故云濡忍，若勇躁則必輕死。」

6 月 15 日　雨

　　晨中央委員譚話會，余主召開五中全會。下午黨務考核委員會在盛雨中開成。歸招待所，同任愨曾出訪公路局楊胖兄，其人善治湯麵餃，款茶亦佳。七時譚嶽泉招飲，同座宋澎、楊中藩夫婦、柳克述夫人等，余飲白蘭地半瓶致醉，往王世勛家，臥於地板上。歸寓臥床大哭，秦君等不安。

　　與余在新城相遇之公路局段長吳錦文（第四區第三工務段）因坍方急修，在工次遇地震，山石滾下，連人沖入太平洋殉職。余極感激，其人幼孤拮据，得畢業唐山工學院，今老母待養，余賻之百元。

6 月 16 日　雨

　　居先生在中央黨部講總理廣州蒙難紀念周情形，並

云今總裁與當日總理在永豐艦上同患難，精神實自本黨
三民主義不畏強禦，故今日全世界抗共，敢與史太林作
對頭惟我總裁一人，美國雖國大力充，尚不敢明白反對
共產云。十二時返錦姪處飯，錦姪堅囑下午勿復飲酒。
下午陳志明等九人小組，討論對四行兩局一庫主管同志
報告意見，余汗出力不支，乃先退。夜在榮元吃鴨，余
涓滴不飲。遇沈霞飛。回寓得大解，稍舒，夜早睡。

6月17日　三時前晴，後雨

　　晨八時至黨部，遇歐陽樊自香港來。十時常會，十
一時半至公園路台北賓館中央監察委員與各省市路監察
委員會面，到一百餘人。吳稚暉、鈕惕生先演說錄音，
既而在台階上攝影，鏡頭木板跌破，微有漏光，賴中
央社攝影記者所攝完善，可放大。既而聚餐，湯、魚、
肉、布丁，尚殼飽，張知本、柳藩國致歡迎及答詞，盡
歡而散。余到探斗家同陸福廷、侯素民打牌。下午六時
後又至台北賓館，中央執監會歡迎台灣國大、立、監
委、省參議員、省黨政委，余任招待，于右任先生致
詞，坐席後即溜。在錢家飯，十一時歸，余勝利。

　　朱君來介徐公義請客，余未往。夜不成寐，閱書至
四處難啼。

6月18日　晴間雨，三時後陣雨

　　六時起床，同秦啟文坐汽油車至上北投，開車過
速，早到四分鐘，秦君往誠之。自中路上招待所，綠樹
含潤，有一處植紅花，方盛開，有軍裝者魏姓方剗焦枯

之葉，蓋與陳鴻年同好，余注視久之。招待所中鄰坡梯之室布置為地畝科辦公，置破公事書桌、破卷櫃，訂木牌曰某科某股，其他室中則空無所有，在浴室靠近則尚有布置。余與秦君對坐廊下藤椅，秦君嫌外間蘆葦遮礙視線，余觀近處一雞母引十餘雛，似極閒適。秦君先浴，余繼之，溫泉過熱，坐地以巾渥水擦體，極適。浴後食厚粥下山，尋林徑自高坡下，頗虞滑失，秦君屢扶掖，余自後無人扶掖，恐不會走下坡路矣。泥徑久為山水沖刷成稜溝，似無人過問。九時許搭公共汽車入城，余往探稚暉先生，昨出行略辛苦，譚反共為世界上一致工作，但為共黨滲透而上當者多，故宜喚醒，又語我共黨剝人皮法，亦無所謂。回錦姪處飯，易內衣。飯後坐車往探斗家，陳敏讓余打牌，暴雨成陣，又雷鳴如砲發。至六時許，余覺頭暈，乃退出。往尋趙葆全未遇，乃沿新生路趙耀東家訪郎醒石嫂，其女乃間日一省君舅，與余譚郎所戀愛事。食糭粥即睡，半夜閱興中會以來宣言。

中監委會昨開常會聽取國家行局之審查報告
會畢與各省市黨部監委座談

〔中央社訊〕中央監察委員會於昨（十七）日上午十時舉行常會，張委員默君主席。議決：開除冀朝鼎等黨籍。對四行兩局一庫負責人之報告有扼要之審查報告，經會議通過，送請行政院負責同志辦理。會畢，於十二時在臺北賓館約集中央監察委員及各省市路黨部監察委員會晤，到會者有中央監察委員吳敬恆、鈕永建、王寵

惠、張知本、劉文島、程天放、邵華，祕書長狄膺等
四十九人，各省市路黨部監察委員到柳藩國、侯雋人、
張福濱等五十九人，由張委員知本主席致詞，提出總理
遺訓親愛精誠，希望同志發揚三民主義之精神，共同努
力。次由吳委員敬恆講述養生之道，謂中風及心臟病之
發生，超過一定之年齡，便不至於危險，能懂得衛生，
更無須顧慮，意在言外。鈕委員永建演講：如何運用廣
大人力，講信矢勇，反攻大陸，光復固有版圖，重建中
華民國，語多激勵。嗣由江西省黨部委員柳藩國致答
詞，檢討工作，對於本黨過去得失，闡論頗詳，最後祕
書長狄膺對於各省市路黨部同志希望三點：（一）檢舉
附逆貪汙份子。（二）報告撤退前軍政得失，以資考
查。（三）報告各省市舉【後缺】。

6月19日　晴，下午微微陣雨　陰曆端午

　　晨黨部紀念周，程天放報告。十時各省市路同志工
作研究會，請余講黨政關係。余自何謂國民革命、何謂
國民政府講起，復述獨黨與兩黨對立之試驗、政治會議
與政治委員會、試行五權時之開國規模，終結則謂黨
員宜做大事，此大事現為如何反共、如何生存。聽者滿
意。洪蘭友先去，鄭彥棻未到，眾人不滿，余為解釋。
散會，隨酈曼雲往沈善琪家，見莫奉貞新自香港來。余
到沈健飛家，同童傳亭略飲酒，到沈家飯後，到信義路
二段八十六巷二十九號訪黃仲翔。先走尋門牌，得至賈
季英先生長子賈觀鑫家，見其幼子甚秀。觀鑫引余至黃
家，仲翔赴台南慰勞空軍，黃夫人僅一幼子在家，所攜

資購房後無所得食，過節一無景致。黃夫人致唁於國
民黨毫無照呼，其言誠是也。出，欲尋永康街洪叔言
家，既至巷口，又迷失途。及至顧儉德家，與其母桂伯
談，見蘭伯帶出而不能用之四阿嫂。五時桂伯引余至蘭
伯家坐，與洪叔言譚笑。五時半回麗水街，儉德夫人請
食糭。六時至鄭家飯，味經夫人治菜過豐，女明、皓、
怡、子澈、□…□，已知維家不易，與譚家常，安慰之。

與鄭皓同載

歸與義違歸不能，雛烏反哺情難勝，

余懷汝心隨車騰，

淒楚台京端午夜，一鈎新月萬家燈。

連得畫三弟書，均叫余回里。一謂此間已太平無
事，望兄設法返家，不要到別地方去，二謂此間同人親
戚咸盼兄早日到滬，勿到他處。又奐甥書云大人在外，
望制節飲食，及時返港。畫三又囑夏天已到，請打防疫
針，並勿亂吃。家庭間事摘記如下：

一、穎姊思想陳舊，喜與人吵嘴。

二、豐哥嫂時常與吳寶賢吵嘴。

三、震弟於四月十八日同薛達甫自璜步行至典當橋，
　　搭輪至常熟主陸星北家。上已晨遊祖師山，到朱粹
　　公家飯，在常熟共住七日。廿五日至無錫主王康伯
　　家，曾去惠山一行，遊人極少，茶館無客。廿八日
　　到京，住五甥及朱天奇處（李家巷十三號），沅甫
　　收拾清潔，陸志安無事，一均失就。玄武湖樹木已

長大，游人亦少。五月十五日返滬，在京共住十七夜。

四、斐玉敗訴，上海市人民法院民事判決（一九五〇年民字五七二五號），胡文蔚住林森中路五四二弄十二號，審判員蔡濂，書記員陳玲芳（五月廿二日）。內載一九四〇年五月十四日文蔚約請陸孟益在冠生園吃飯，擬與被告重結夫婦，被告曾予同意，並由陸孟益經手交原告港幣五百元覓屋同居。此次乃誣控離婚之前曾向借法幣五千萬元，要求折合一千七百六十一元二角五分美金償還。判決要點：一九三八年二月十六日離婚據，載明不得另生枝節，陸孟益不知有借貸情事，法院認為毫無事實根據，原告之訴駁回，訴訟費用一百七十二份由原告負擔。

五、炳弟業務漸佳，惟開支浩大。

六、錫弟任棉花過磅處主任，星期日也無閒暇。

七、萃弟已赴石家莊冀西沙荒局任事，伊家中天天吃麥麩。

八、公望、寧馨工作甚忙。

九、六月二日受到由港匯下人民幣四百九十一萬八千九百二十元，擬先給綴英一百萬元，餘者生息，按月給綴。

十、延吉在蘆溝橋種田，伊能開拖拉機。

十一、綏芬在瀋陽醫大，終日甚忙。

十二、小妹思想前進，一切用功。

十三、啞表妹在上海幫婉伯做事，面容轉正色，快樂
　　　得狠。
十四、五月廿八日上海解放一周年，炳請唐劍霞、唐
　　　海平、后學裘、李頌夏、楊玉峰之孫小姐吃飯。
十五、璜北鄉人均吃粃皮，前日旅滬璜人捐米十二石
　　　歸振。

寄二弟里中

植糉祀朱符，梅枝桂葉敷，
寒庭誰主客，異夢魇榮枯；
不是人長別，僅如歲大無，
天中過佳節，鄉景我能摹。

詠蕉寄嘉嵋

蕉樹漫山憔悴餘，胸羅佳果足驚余，
汝爭一隻紗兄臂，此處倒懸十萬梳。

6 月 20 日　晴，下午雨

　　晨至黨部部署會議後事，到立法院問有無不義之
財，無所得。知姚愛玲半宮外受孕，正在醫院開刀。回
錦姪處飯，章鶴年所送火腿煮湯味不美。下午在寓寫
件，食任憙曾無錫人所作粽，鹹者味美。莫葵卿來談美
國防部長詹森首席參謀布萊德雷及杜尼斯三人與麥克阿
瑟之會晤，已吐露將堅定而積極援助台灣，並單獨與日
本言和。勸余裝牙，一人憂慮一夜不睡，皆無所用之。
六時浴，浴後赴慶處長家飯，資源委員會廚房所燒，以

炒蝦仁、炒腰子、線粉假翅及紅燒豬蹄為佳。飯後打牌，有夏曦夫人，手心靈敏，勁敵也，孫其銘君亦來湊趣。十二時返，來回慶君皆自駕車。

6月21日　晨晴，下午三時後雨

晨步行至黨部，天已炎熱。九時首長會，會散，同倪文亞譚邢同志精神不佳事。李康五來訪。午飯走至中山堂前搭九路車。晨訪雷孝實，未晤，晤其夫人，謂打牌之魔力足以超過一切娛樂，述汪旭初眼睜睜愛賭之狀，相與大笑。下午熟睡，睡起閱書，任懇曾請吃吉弗冰橘子水，糖漿味少，佳製也。雨窗又觀簷溜，佐以雷鳴，真覺靜適。王健菴語我昨與路君援蝶脫蜘網事，余為之成詠。六時至南昌街楊錫康、錫蝦寓飯，自鹹鴨蛋及筍片湯及泡瓜均佳。飯後打牌四圈，坐三輪車返。

王健菴援蝶脫蜘網有詠

名園蓊蔚西甯北，窗櫺一碧無他飾，
雨餘午睡起惺忪，知自何時蛛網織，
儼然自力為一國，中央雄踞控八極，
無須清晝出君臨，消息四伏冀得食，
忽然蝴蝶彩衣來，觸胃黏絲緣無色，
幾番掙扎亦徒勞，魚已上鉤鳥被弋，
此情緊急禍莫測，恍如少女遭威逼，
須臾寸臠即葅醢，強力所求無不得，
王君彈指蝶飛開，翩翩又落庭花側，
迴鬚展翅望窗前，孰為碩德孰為賊，

君今語我昨朝事，此事纏綿兼悱惻，

世間到處有網羅，但願有情無顛路，

連朝灑雨坐長閒，我為間悲淚沾臆。

6 月 22 日　晴

晨同任憙曾往車站對面食湯包，無佳味，店名社會食堂，門貼照常營業，索麵則云麵條未來，似受捐稅打擊而無法維持者。中華路之半齋亦被封，台北不景之狀也。又到中華書局廊下寧波人所設生煎饅頭店吃了一客，生意鼎盛，無開銷無捐稅之故歟。九時常會，李宗黃主席，葉公超報告東京美巨頭會議，麥克阿瑟似已說出台灣可以守及台灣於日本及菲律濱之安全絕對重要，惟杜魯門及艾極生之態度無變更，軍援須表示司令統一及陸空軍之合作，看三個月內可否達到理想程度。葉君又報告兼長僑務委員會悽慘情形，云各地僑領改變態度，最近撤領事後委託僑團辦理領事所應任之事，始知僑團有力量，又說只金門一地，月有僑匯五、六萬美金。余在會中發言三次：（一）可准許劉衡靜辭婦女會主任委員職；（二）香港應設執行部，以推廣黨務延攬忠貞，又應設軍事聯絡員，以綜攬游擊隊及被編部隊之內向心力；（三）常會開會，政治軍事負責人員希一定出席，聽了話即辦事，否則空說無用。眾皆以為確當。俞鴻鈞問余是常務委員否，余答非是，但慢慢來一定會輪到，俞答早應選到。俞此番提出余為中央銀行理事，嚴家淦、任顯羣未將余名列入，俞指余體國公忠，見解正確。余曾於財政次長陳慶瑜前說明余願任國家行局之

理監事：（一）為與經濟界人士往來熟諳，使對余平時
有了解得當，一言有利於黨國；（二）為認識從業人員
之能力、生活缺點，為之作教育、自修之補救，非願見
金夫，不有躬也。十一時空襲演習，十二時返寓，錦姪
亦自淡水河邊演避襲歸來，飯畢已一時半。午睡甚酣
暢，睡起為方祖亮資格證明到立法院，歸後張祖同來。
未到立法院前，俞時中、張乃琪、周寶寶攜子女來，愛
樓上東窗風涼，余款以橘子水。夜飯再到錦姪處，與耀
談璜涇故事。夜八時演夜襲，浴後燈熄即睡。

　　近寓中又來多人，路平甫住陸味初鄰室，鄭紹平住
王科長房，侯家源住客廳，靠王健侯一間又有蔡春曦。
粵漢路局海南辦事處長住浴室外，昨被竊港紙七十元、
鋼筆一枝。

6月23日　晴

　　晨到黨部略部序即出，到中國農民銀晤趙葆全，得
悉陳誠、嚴家淦及任顯羣頗欲以俞鴻鈞現為中央銀行總
裁之故，併農民銀行於中國銀行。余主張依法應保持農
民銀行董監事會及總管理處，並計畫復興。既而與查石
村、翁之鏞譚，諸人聞將被逐皆嗟嘆，余安慰之。出，
到立法院訪祕書主任閔劍梅，余擬於月夜集立法委員於
中山堂屋頂開晚會，聞此消息者皆樂從，不知能實現否
也。飯時食老湯燉豆腐、蝦仁焦蔥炒蛋，味皆美。回西
寧睡，睡起同夏、王、錢三太太打牌，夏負。飯後□君
加入，某君負。余十二時回，浴後睡。

　　得六月九日畫三弟書，知斐案斐上訴，楊林顧岳母

嚴太夫人病危，綏芬自願往瀋陽。又得六月六日綴英自楊林作書，老母自四月初四日，整日受子媳閒氣，叫罵逼迫，不堪其苦，乃於夜門揭去被頭，悲憤填膺，痛不欲生。初五晨即發高熱，到第四天頑痰塞住喉管，經服中藥，歷十五天而痰不化，大約夏至前後總要飲恨以終。張弓已定於六月十五左右自杭州搬回浮橋。枕上余思外姑老境困苦，豫寫一靈前聯云：

濡忍可期頤，數平生憂樂窮通（石年丈為改「哀樂相仍」），柔順文明惟母最；
送終有（全歸環）子女，只（對）此際兵荒喪亂（蒼茫無限），拮据想象望洋悲。

6月24日　晴

晨到黨部，在組織部辦公室與楊佛士等譚笑。到中央信託局，徐延樂女士為查帳中央監察委員會在該局尚餘存購料款一千六百美金，此乃周延頌所關照，故查得極快。陳鴻年所交余帳，王介民、林成根查數次，未得揭單也。上樓同孫秀武、曹薰、周頌西譚。出，訪雷孝實，約下星期一晚飲，孝實來接。寓樓雇工粉飾。下午楊錫康、黃華燦來坐，飲橘子水。五時回錦姪處飯，夜到鐵路局禮堂參加週末晚會，有喜劇半斤八兩，描摹戲劇演奏之動人能消滅真實有關係人之醋意。平劇為伍子胥吹簫及金殿裝瘋。十時半散，散會時頗適當，惟小兒不會設座，往來亂竄且雜叫呼為討厭耳。

6月25日　晴熱　星期

　　晨六時起，窗樹如沐，園燈如樹頭放光之花，草毯鮮潔，卯風上面，非常快樂。覓水鹽洗後，即同秦啟文上鄭州路。今日汽油車在另一月台，到站即行，不到月台守候者易脫車也。車上遇台灣男女作郊游者，五、六人一群。到新北投後走外線，陽光正照面，不及林蔭道幽雅，但山間濕氣似行一步減少一些，陽光似曬得牠乾者。抵招待所前，見老人有賣筍者，購二斤，兩元四角。坐廊下觀火雞、來亢雞結隊而過，火雞雌者如孔雀，亦如打扮緊俏之女子，雄者項掛紅色皺袋，作閣閣聲，極為拙醜。夏心恪君命老蔡夫婦煮厚粥，秦君又留奶粉一罐在所，粥前先飲牛乳。夏君譚台灣大蝸牛、大蝴蝶、大響螺，秦君並舉大蜘蛛，余舉大蜂。台灣昆蟲皆比內地為大，以大蝸牛最為害蟲，先祇有菲洲有子，後入印度，日本人好食蝸牛肉，喂鴨鴨易肥。蝸件雌雄同體，繁殖極速，大戰後美軍車撤退，大蝸牛貼車下入美國，今漸為害，用蒸氣殺之不盡。夏君又談上海做煤生意獲利，後圖大舉，親往萍鄉運煤，吃利息為資金，貨則被曷於萍鄉人，舟車運輸遂失敗，失金千兩。九時入浴，今日水熱，仍坐地以水渥體。浴畢，原計畫為自上北投至草山，夏君願引上善光寺，乃從之。出招待所左行，背八境園，自小徑下坡為一人家靠溪，溪水自斜砌水門汀板面行，頗細緻。出人家大門，右行為未名園旅館及上法藏之石級路，林徑幽靜，環山電車過焉。下轉一山市為入善光寺之石門，上有數處有石砌之駁岸，若我蘇自天平童子嶺下寒山化城之做法。上山道久闢，

路面未整，轉折頗陡，路無樹蔭，陽光逼急，汗出如漿。過一澗，澗旁鑿石為步，殆取水處。近處有一可築屋之石基，余等自石基對面覓小樹陰稍息。復前行未久，即抵寺之前坪，望上山路似黃龍蜿蛇，遠山開闊，田禾離離，頗為曠爽。上石砌坡十餘級即為善光寺，日本式房，成丁字形，」為佛堂，廣六十八席，以深處為佛龕，金色之繙蓋雕刻精細，龕供釋伽牟尼、阿彌陀佛及觀世音菩薩，五供及裝瓜果之鐵夾、置鐃鈸之插架，以及置經卷之小几，無不精潔。女尼元空發給各人線香一支，以次往佛前頂禮。余等發現同汽油來之台灣男女一群亦在寺中，游此寺宜以頭班車，下車即上山也。元空為早課，余等皆站班，魚磬之外又擊一鐵板，不知何器。課畢，元空操台語為設法講三光六戒，余祇聽到心定即極樂云。同元空寺門攝影，並題手冊云「危時覓清靜，山間得善光，升堂聽說法，功行現慈詳」，題畢即辭出下山。又至寶光寺，甘珠兒呼圖克圖隨員寓焉。自此下公園路為樹陰，過北投公共浴場及兒童樂園，即至公共汽車售票之處。余同內地游人三合雇一二十圓之野雞汽車，到民生路下，坐三輪至錦寓，同秦君飲甜酒及飯。飯後同到錢家打十六圈，後又接四圈，余負。夜歸，極涼快。

6月26日　晴

北韓與南韓宣戰，晨聽吳鐵城與白崇禧譚話，云彼此均有準備，美國決不能以安全理事會為惟一塗徑。吳述王亮疇云共產國際一致進行，無分國界，民主集團不

一致進行，各為其國家，初戰恐有虧吃。余與姚容軒商
中信局購料餘款，伊主購吉卜車，不購轎車。

十時半到立法院，與閔劍梅商月光聯誼晚會事。回
西寧，錢十嚴丈來談，昨夜余誤穿伊之布鞋，今來換
正。余攜劉文川所贈皮蛋、彩蛋同往耀錦處飯。下午朱
佩蘭來，云姚愛玲開刀接血，所費不少。余窗南風極涼，
為別處所無。四時半飲凍麥片。五時鈕惕生先生來，託
為考試院留意人才，謂中國人領導抗共之後，將為十億
人之領袖，又制俄須自東北往西南打，成吉思汗是也，
若自南北伐，凜於嚴寒，困於堅壁清野，則易敗。六時
雷寶華來，約往伊寓飲白蘭地一瓶，同座周大瑤（台糖
總工程司、台大教授）、陳冠珊（西昌參謀長）、耿
季釗（西昌組長）、譚慰岑（工程公司副理、高雄主
任）。酒散後坐庭中食鳳梨，係改良種，頗鮮甜。

6月27日　晨晴，下午雨

晨同秦啟文到三陽春食麵，比三六九為鮮潔。到黨
部，鄭味經來譚，同伊重慶南路一○九號樓上訪陳宗
鎣，考試院將發表伊為簡任祕書，徵伊同意，伊允焉。
其同味經上農民銀行會客室，與趙葆全譚話。為味經作
一書致任顯羣，託其為鄭安置。別後歸寓，下午錢十嚴
丈來，同出購福建小石章，同至鴉江街九號伊女兒寓
所，伊女夫黃守鄴已故，外孫女黃曰昉在中央通訊社為
練習報務員。余等上樓後天雨，坐一時許，食冰菉豆
湯，乃雇車歸，余車送十嚴丈歸寓。同張、陶、探斗八
圈，已十時許，再接四圈，余恐寓中不及候門乃歸，邀

王世勛太太庖代終局，余負。

6月28日　晨晴，下午雨

　　八時至撫順街九十巷號中央日報，廠屋新裝高速度
捲筒高斯公司印報機，昨日試印，今日開印儀式，余演
說經濟使用新利器以早日完成反共抗俄工作。會場晤陳
約，為布雷姪女。十時半同任卓宣中山堂參加連雅堂
逝世十五年紀念，連先生為台灣通史之著者，謂國可滅
史不可滅，其書出版比日本人之通志早一年，對植物亦
有研究。散會時連震東致謝，余同張其昀歸黨部。錢大
鈞來訪，未遇。余同鄭彥棻、張壽賢上圓山旅社訪閔石
麟，未遇，歸引彥棻參觀高速度印報機，諸人已散。歸
飯，錦姪納余勸將捲垂之髮梳起，頓覺清爽。下午風
雨，坐寓樓不出，聽輕雷自地轉天，急雨打窗，風搖庭
樹助威。報上載杜魯門命令第七艦隊遏止攻擊台灣的任
何企圖，但其聲明中有云「本人已請求台灣的中國政府
停止對大陸的一切活動，第七艦隊將觀察此一要求是否
已付諸實施。至於台灣之未來地位，應等待太平洋區域
的安全恢復後，與日本成立和約時再予討論，或由聯合
國予以考慮」。於反攻、於台灣主權皆予吾國以限制，
此與白皮書同樣吾人啼笑皆非，惟有國人奮起自救
耳。下午馮仁綱、簡敬劬夫婦遷回新北投麗園，馮夫人
來，下女不率其教，夫婦包飯二客吃光薪金所得，上
班後無女伴，馮夫人感寂寞，今日乃離去，計住三月
有餘。

　　自立晚報載太平洋盟軍統帥兼太平洋美國陸海空軍

總司令麥克阿瑟奉命執行杜總統命令，其部屬：（一）
第一線飛機五百架；（二）戰鬥艦十八艘，軍用人員
十二萬三千二百人。第七艦隊司令史樞波（Arthur D.
Struble）擁有戰鬥艦十三艘，非戰鬥艦三隻，航空母艦
「佛機谷」號（Valley Forge），重巡洋艦「洛哲斯特」
號（Cruiser Rochester），驅逐艦六艘，護航驅逐艦二
艘，潛艇三艘，高速運輸艦一艘，油輪一艘，海軍飛機
供應艦一艘。自立晚報社評：所謂台灣地位的決定云者
是一種外交詞令，其意思是說台灣從侵略者手中歸還祖
國，將經過外交程序，而把波次堡的決定條約化。至停
止海空軍對大陸地行動云者，為反共戡亂是中國政府主
權和責任，而大陸上之游擊隊足以打垮共匪。葉公超亦
聲明云海空軍停攻大陸不束縛反攻計畫。

狄祕書長

　　本人代表中央監察委員會到此參加新印機開印典
禮，深感總理所說印刷工業對於建國工作的重要性。新
印機的裝成，未有外國人參加，全係報社同人體恤黨國
經費的困難，辛勤地自己動手，今後如何保護機件，撙
節用紙，運用套色，更有待於虛心研究，以期維持印機
之效能並求技術上的進步。

　　過去香港對於我們的黨報，根本漠視，但現在中央
日報的香港航空版，已是萬人爭讀，銷數激增，今天新
印機在美國態度積極轉變之時開印，深信中央日報將為
每個民主國家的讀者所爭讀，則今後如何講求報紙業務
的進步，自屬更為重要了。

6 月 29 日　晨晴，下午雨

今日星期四，以兩星期舉行常會一次，今日無會，以時局言，今日宜有會。余到中央黨部小坐，看定十七日照相以王寵惠遮太陽、姚大海擦眼鏡、雷殷側站、余攀樹枝一張各人較活潑，放十二寸為清楚，則印十二寸，余不主於公眾頭上小算也。出，到黃仲翔寓取書，遇雷儆寰子仲翔款余沱茶，相與歎息成都開罈好黃酒及未留宿小鷗波館。回錦姪處飯，飯後探斗來，與路君往錢宅打十二圈，余小負，歸寓已夜深。石年丈為刻狄原湛石章。

6 月 30 日　晨晴，三時後大雨如注，夜仍放晴

晨往圓山前台灣黨務訓練班講黨務工作法規，第一時講監察法規，第二時講基本要義。得掌聲，起而又起。講壇在一司令臺上，狹長而不聚風，直喊二時，嗓音沙啞。課畢即到立法院，出席關於外交之祕密譚話會，張慶楨主席，劉健羣、江一平有報告，陳紫楓主有表示，林棟天真主張電聯合國、麥克阿瑟、李成晚，並請政府立即出兵。余主對此大事開會以求了解誠為必要，對外不必有所表示，保留至必要時再表示。言畢即離院到中信局，李向采夫婦期明日游碧潭。回錦姪處飯，飯後臥。天雨狂大，同王企光賞簷溜，粗如縴索，次為風打樹葉，如小兒受棒，遮掩不能，洵大觀也。盛君又供點心。夜莫葵卿來賀侯家源得任交通處長，莫君樂觀時局，云明年必回江浙，歸途或經東北。余時作詼諧，眾人皆笑。十時即睡。

雜錄

譚嶽泉，南昌街一段七十四巷二十三號本寓。

黎光，杭州南路一段六十七號。

楊一峯，開封街一段 91 號樓上。

金驥良，陳志賡介紹，在台州屬打游擊。

張玉霖、吳宛中，和平西路二段 70 巷六弄九號。

王彥存，香港畢打街 21 號聯合大樓 513 號（513 Union
　　　　Building）。

顧森，張伯魯姊夫，台北仁愛路三段空軍總司令部工業
　　　管理委員會。

朱佩華，台北重慶南路一段一一九號台灣紡織公司。

邵學錕，台北市寶慶路一號三樓。李懋寶夫，信義路
　　　　三段 394 巷五四五號。

吳保容，中山北路一段五十三巷四十八號，話 7852。

王平石，香港遮打道四號思豪酒店 45 室，皇后道東美
　　　　亞保險公司畢禹徵轉。

楊古白，北平路二十五號，四九一一轉。

趙志成，妻范氏，澳門大三巴街五十號。

范望（幼博），台中市建國路一〇四號。

史清河（君勗），基隆港務局十六碼頭倉庫。問蕭山
　　　　　　曹劍萍國府祕書，住中山北路二段
　　　　　　三十九巷十二號。

狄文琴，狄襄卿孫女，姚開第表妹，適徐光冊（聯勤工
　　　　程處祕書，黃巖人），住新生南路三段七十
　　　　四號。妹文琦，適關伯庸（貴州湄潭），中山
　　　　南路一百九十七號，生兩男兩女。

狄璉（天山），嘉義文昌路二十四號，一妻一女。嘉義
民權路武德殿空軍高射砲兵第六團。

姬鎮魁，羅斯福路二段新菜場 117 號正泰號。

黎融，子中女，延平北路大聯紗布行。

林礎公，臺南大智街二十號。

高越天。

盧孰競，南海路十五號。

7602，中央黨部。

吳開先，香港藍塘道菽園台二號地下吳漱芳。

唐夢華，信義路一段紹興南街廿一號陶熾先生。

丁溶清，武昌街國際里 45 號。

毛太太，泉州街二十巷三十三號。

黃麟書，博愛路七十六號。

余漢謀，北投溫泉里奇岩路十號。

吳禮卿，和平東路一段底新建屋九號。

李逢生，重慶川東師範五號。

白健生，南京東路松江路 117 號。

周德偉（子若），寓潮州街 186 號，電話二三五九，
關務署署長。

陸幼剛，香港九龍塘士他佛道十四號陸綸。

潘榮寶，本市濟南路一段成功中學訓導處。

濮德玠，泛亞聯合通訊社，衡陽路新生報大樓。

史尚寬，杭州南路一段 143 巷 36 號。

張震西，鳳山曹公路一巷十號。

唐振楚（舜祖），衡陽人，總統府祕書，住士林官邸。

胡一貫，青島東路 51 號。

王鴻磐（一方），暫住浦城街丙字十五號國民大會。

周佩箴，峨嵋路 37 號，交行管理處，776、775。

許建元，台南 33 號信箱。

狄擎華，九龍青山道益豐搪瓷公司狄全福（狄錫芝）
　　　　轉。周蘇憲、馮彥。

陸瑞徵，廈門街七十一號十三巷，中興鋼鐵廠，在基
　　　　隆瑞芳鎮明燈路。

俞時中，小南門廣州街八巷口中心診所，2553。

周佩箴，北角建華街十九號二樓，洵端。

狄周塏（獻羣），台南縣新營區鹽水鎮岸內糖廠，電報
　　　　　　掛號四七四三鹽水。其女在台糖四
　　　　　　分公司，其子在岸內廠。

錢其康，守塘子，台北大理街台灣糖業公司萬華倉庫
　　　　保管組。西寧南路 164 號，大上海洗染公司。

黃範一，新公園內俱樂部 102 號室，五月廿一日嫁女
　　　　助豪與伍蕃之弟應煊。

姚虞（一民），崑山地方法院長，中山北路一段 121 巷
　　　　　　68 號。

孔德成，信陽路瑞之大樓。

莫衡，長安東路四十六號。

王雅，新竹中山路八十五號新竹市黨部。

萬繼勳，香港干諾道中二十四號裕僑行鄭佶代收，託
　　　　便帶交，住九龍橫山鄉間。

張漢強，香港九龍南昌街七十號三樓曾主任育琦轉，
　　　　唐女士戚。

汪度，香港德輔西道一八九號集成圖書公司轉，或上
　　　海（5）士慶路一六二弄三號樓下。

陳繼烈，信義路二段永康街六號二樓。

狄君毅。

南維嶽（登嵩），衡陽路二十號。

黃仁言，字頌雲，住新竹。

葛清，台北士林芝山岩新村六十六號，娶庭俊、鴻勛之
　　　姪女。

俞張乃琪，聲請赴美歸省護照。

呂松盛，周春星夫，住羅斯福路二段徐向行對門，呂
　　　在歐亞旅行社服務。

沈善琪、沈善鍠、沈善鋐，仁愛路一段紹興南街廿四巷
　　　　　　　三號。

沈為汶。

沈九香，花蓮市中山路一八三號，電話四六號。

高越天，信陽街八號，電話 6615。

張衷和。

薛居正，花蓮港務局工務課長。

蘇忠恕（如心），湘潭，公路局高雄段段長。

劉象山，九龍鑽石山上元嶺六一一 B 號。

王其榮（欣之）。

蔣勉士，基隆。

蔣乃畴。

錢媖圭。

錢嬿圭，烏樹糖廠子弟小學。

錢復圭，水泥公司。

許汝禧，水利局。

施正楷，兵工署。

韓城（載華），成都路七十六巷十四號。

宋書同，台南進學街三十號。

狄其駿，高雄台灣鹼業公司。

陳振岳，台灣高等法院台南分院。

黃國書，台北中山北路三段一八一號，2442。

薛佩琦，中華路一〇三巷 43 號，靠近廣州路。

徐雷，琳女，小名小寶，嘉義市市立女中。

朱慕貞，杭州南路一段 105 巷三十五號，適劉季植。

狄澍，服務地點：本市延平北路憲兵司令部補給處，
　　　住家：士林信忠里四鄰大馬路四十二號。

狄壬芳，新竹陸軍大學廿二期，住新竹南區國民小學校
　　　大禮堂。

狄憲英，廈門街同安街七二巷二號，適陳炳元，在資
　　　委會水泥公司會計處。

狄家銑，台中市光復路廿二號。

狄純慶，台中市南屯區公所內，八七軍工兵營營長。

陳博生，中山北路一段 83 巷 39 號。

杜光塤，和平東路一段 183 巷三弄九號。

但植之，萬華大理街 138 號。

何尚時，北投公館路十九號，北投橋東面。

馮正忠，延平北路二段二二三號。

賈景德，台平市臨沂街六十一巷十四號。

徐永昌，永康街卅一巷十四號。

嚴家淦，字靖波。

吳秉生，常熟人。

王承彬。

楊學傑、姚勤新，和平東路一段 188 巷底泰順街十六巷
　　　　廿八號。

民國日記 102
狄膺日記（1950）上冊
The Diaries of Ti Ying（Diffoutine Yin）, 1950
- Section I

原　著　狄　膺
主　編　王文隆
總 編 輯　陳新林、呂芳上
執行編輯　李佳若
封面設計　溫心忻
排　版　溫心忻
助理編輯　詹鈞誌

出　版　🛡 開源書局出版有限公司
香港金鐘夏慤道 18 號海富中心
1 座 26 樓 06 室
TEL：+852-35860995

✿ 民國歷史文化學社 有限公司
10646 台北市大安區羅斯福路三段
37 號 7 樓之 1
TEL：+886-2-2369-6912
FAX：+886-2-2369-6990

http://www.rchcs.com.tw

初版一刷　2023 年 11 月 30 日
定　價　新台幣 420 元
　　　　港　幣 115 元
　　　　美　元　16 元
I S B N　978-626-7370-08-7
印　刷　長達印刷有限公司
台北市西園路二段 50 巷 4 弄 21 號
TEL：+886-2-2304-0488

國家圖書館出版品預行編目 (CIP) 資料

狄　膺　日　記 (1950) = The diaries of Ti Ying
(Diffoutine Yin), 1950/ 狄膺原著；王文隆主編.
-- 初版 . -- 臺北市：民國歷史文化學社有限公司，
2023.11

冊；　公分 . -- (民國日記；102-103)

ISBN　978-626-7370-08-7　(上冊：平裝). --
ISBN　978-626-7370-09-4　(下冊：平裝)

1.CST: 狄膺　2.CST: 立法委員　3.CST: 傳記

783.3886　　　　　　　　　　112014612